筑心绘翎

刘若梅建筑文化遗产保护天地

《中国建筑文化遗产》编辑部 编

天津大学出版社

目录

序一

在刚刚过去的2019年，新中国迎来了70年华诞，而中国的文化遗产保护事业也取得了令世人瞩目的成就，这些都离不开党的十八大以来中央对文博事业的重视与支持，同样离不开倾心文化遗产保护事业并为之不懈奋斗的一批批“文博人”的奉献与坚守。当我翻阅由《中国建筑文化遗产》编辑部编的《筑心绘翎——刘若梅建筑文化遗产保护天地》一书清样时，心中十分感慨。我坚信中国文物学会副会长刘若梅女士就是这样一位为中国文化遗产保护事业奉献40年不止且成果累累的“文博人”。

我与刘若梅女士的相识要追溯到20世纪90年代，那时我还在北京市文物局工作。1998年，听单士元老先生说北京市东岳庙的修缮工作完成得十分出色，应作为文物保护修缮的样板工程加以推广。于是，我便带领北京市文物局的干部来到东岳庙考察竣工情况。我由衷感到这个项目从设计到施工都非常符合文化遗产保护的原则，尤其在细节处理上十分精到，我曾表示这个项目应成为北京古建修缮的示范工程。那时，我得知该项目是由刘若梅女士及其团队主持完成的，由此她给我留下了很深的印象。而后，在多次考察北京市世界文化遗产项目时，我发现长城、颐和园、故宫博物院等重要项目的修缮设计施工都有刘若梅女士及其团队的身影。后来，我在担任国家文物局局长后，更发现他们的足迹早已遍布全国，远至西藏、青海、甘肃等地区，而完成的修缮项目也不局限于传统建筑，还包括很多近现代建筑，如中东铁路项目、长春伪满皇宫等。特别要提及的是，2012年元月，我来到故宫博物院任职，在考察故宫古建修缮现状时，更直观地了解并感受到刘若梅领衔的团队，为故宫博物院古建修缮做出的突出贡献——从端门到午门雁翅楼，再到获得“全国十佳文物保护工程设计奖”的戏衣库、永和宫及慈宁宫。我感到，刘若梅的团队克服种种困难，凭借扎实的技术素养、先进的保护理念、强大的专家支持，出色地完成了一个又一个领先全国水平的修缮任务。刘若梅女士作为团队的领头人，她的贡献是不凡的，她持之以恒、敬畏遗产的文化精神，不仅源自她的家世背景，还来自她几十年努力如一日之精神，她确是一位令人钦佩的“老大姐”。

刘若梅与单霁翔在故宫博物院院长办公室合影（2018 年 12 月 31 日）

尤其令我感动的是，刘若梅女士数十年对中国文物学会从财力到人力的全情投入与默默奉献，以及对文博界老专家们体贴入微、发自肺腑的照顾与关爱，这都源于她对中国文博事业的热爱，更源于一位文化遗产保护工作者不忘初心、牢记使命的“家国情怀”。我想《筑心绘翎——刘若梅建筑文化遗产保护天地》一书的出版，能使读者更全面地读到一位“文博人”的不凡历程，更能从取得的业绩中体味到她在创业与文博事业上成功的理由，并从中得到启迪与学习借鉴。

我祝愿《筑心绘翎——刘若梅建筑文化遗产保护天地》一书成功出版，祝贺文博界百花园中又涌现的新著，同时祝刘若梅女士及其团队为中国建筑遗产保护事业的发展再做更大的贡献。

特此为序。

单霁翔

中国文物学会会长

2020 年 2 月

单霁翔：国家文物局原局长，故宫博物院原院长，故宫学院院长，中国文物学会会长，建筑学博士。

序二

自中国文物学会创建以来，我就和刘若梅相识了，一晃有近 40 年。这些年的共事，我了解到她的家风家世、优秀品格，对她组织主持的蕴含文化内容的修缮实践有更多共鸣。今天看到《筑心绘翎——刘若梅建筑文化遗产保护天地》一书即将出版，我非常高兴，我很支持，认为这本书在业界乃至公众中必将会产生影响，因为在我看来，刘若梅确实是一位难得的“好人”。说其“好”，我至少有突出的三个印象要讲出来。

第一个印象：刘若梅是不凡家风、深厚文脉的传承者。刘若梅来自一个很有经济、文化背景的大家庭，自小受到家中祖父辈言传身教，养成了优秀的为人品格。基于这样的根脉传承，无论是在古建修缮工作中，还是在日常待人处事中，她都展现出令人难忘的品质。尤其在对老一辈文博专家的特别敬重与呵护方面，她更让人感动有加。她不仅几十年如一日悉心照顾老专家们的生活，还经常在他们遇到困难时第一时间伸出援手，我就是最直接的受益者。已故的单士元先生、杜仙洲先生、罗哲文先生等也都曾受到刘若梅的悉心照顾。刘若梅还有一颗感念的心，如对曾经在工作中给予她很多帮助的故宫博物院古建专家付连兴，虽然付连兴不幸去世，至今刘若梅仍怀念在心。在她的建议与支持下，2018 年付连兴先生追思会在故宫博物院举行，而后她又为付连兴先生纪念集的出版而奔走，希望能够将他所代表的中国传统建筑技艺的精粹理念传承下去。她是一位无私无畏的践行者。

第二个印象：刘若梅是学会工作坚定无私的奉献者。自 1984 年中国文物学会成立起，刘若梅就加入学会筹备的工作中，那时她虽然还很年轻，但做事非常干练，很快成为学会领导的优秀助手，成为历任领导的得力干将。因中国文物学会是纯学术团体，没有资金来源，而学会的各种活动都需要财力支持，这时刘若梅迎难而上，开办了古建设计公司，用公司赚来的钱无偿支持学会运转。不仅如此，她还利用公司的实践优势，积极为中国文物学会和中国文物学会下属的传统建筑园林委员会的发展谋划。这种谋划不仅是活动和项目上的财力支持，还包括与领导一同为学会发展出谋划策。据我了解，在过去的近 40 年中，由刘若梅团队支持的学会活动有几十次，关于她的“义举”学会的新老成员有目共睹，学会上下都对她非常赞许和认同。

刘若梅与谢辰生在承德学术年会合影（2004年6月）

第三个印象：刘若梅是传统建筑文化的忠实推广者。多年来，刘若梅和她的团队身体力行地完成了许多珍贵建筑遗产的修缮工作。不仅如此，她还心系中国传统建筑文化的推广与传承事业，动员了在古建界有实力、有担当、有热情的仁人志士共同助力。2017年，同中兴文物建筑装饰工程集团有限公司的刘志华董事长携手创办了对中国建筑文化遗产继续教育起到重要作用的“中兴文物建筑集团培训基地”。如今，这个基地已成为中国文物学会培训基地、故宫官式古建筑营造技艺培训基地、中国文物保护科技协会培训基地等，成为北京乃至全国最具代表性的建筑文化遗产教育与实习场所，此外她还支持古建园林的传播与宣传工作。我曾多次到过培训基地，切身感受到了它的作用与价值。

在《筑心绘翎——刘若梅建筑文化遗产保护天地》一书出版之际，我祝它成功出版，更衷心希望我国文化遗产界能多涌现些像刘若梅一样的“好人”。

是为序。

谢辰生

国家文物局顾问

2020年2月

谢辰生：文物界著名专家，国家文物局顾问，中国文物学会顾问

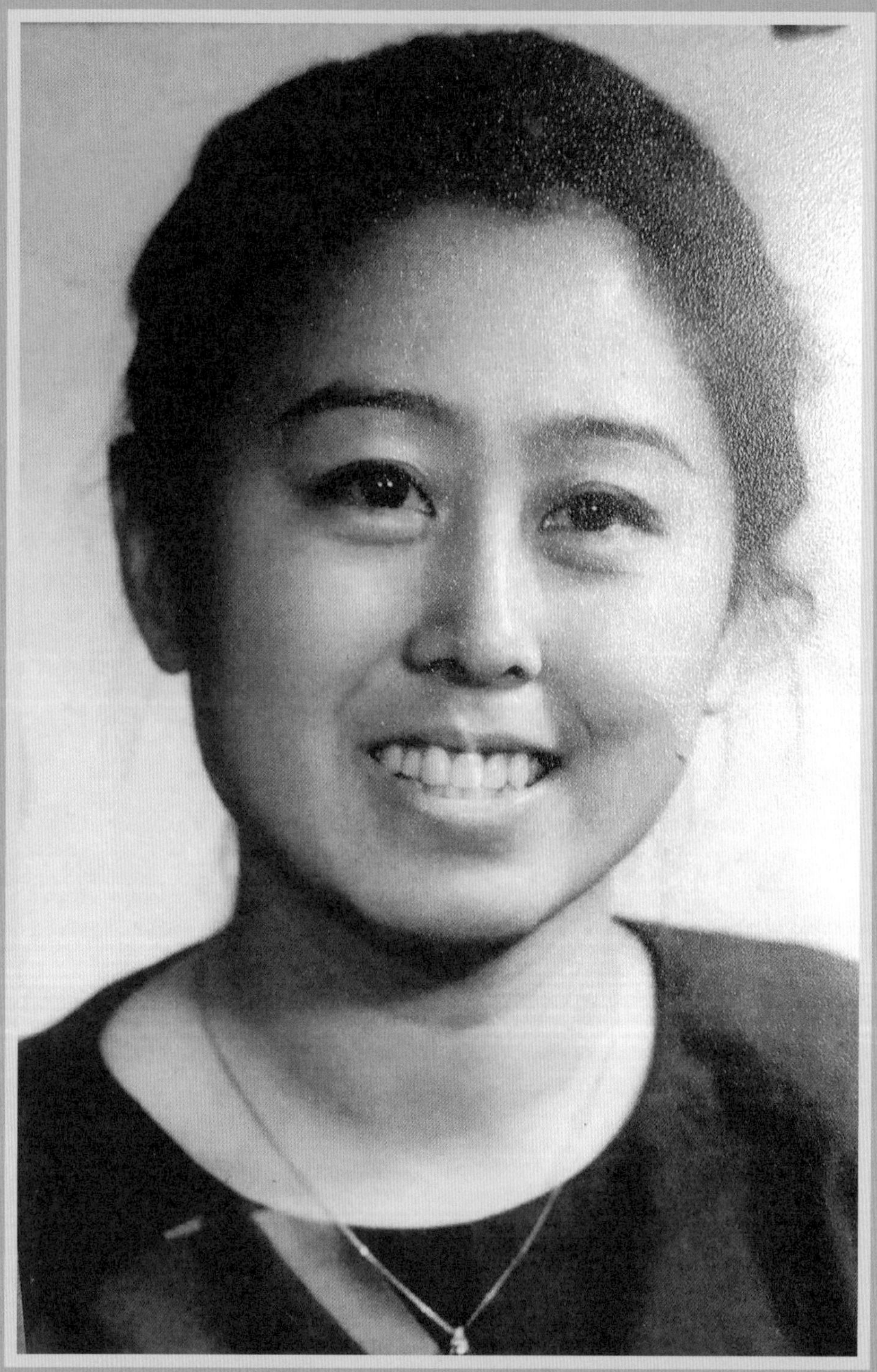

篇一

人生述往

在岁月的淘洗中，一切都是过往，一切都会成为陈迹。但数风流人物，更在今朝。

感悟一个人，不同于做好一件事，更需要探究其藏在深处的善良与美好。对于内敛而不愿表达的人来说更是如此。有人说干涸的城市最需要自然的滋润，那么我们从刘若梅女士的过往中体味那份历经世间无常后的平和，就更显得弥足珍贵。人的历程有太多的独自言说，虽然路途中坎坷不断，但刘若梅从未试图去抽丝剥茧，寻根究底。那些令人心寒的岁月反而铸就了刘若梅坚定的信念与远大的心境，令她在人生路上不断迈出坚实的步伐。苍茫大地之历程，人们无法选择，但那一抹阴阳昏晓之良辰美景的被发现、被感知确是需要情怀之力的。读者从本篇刘若梅的不凡家世，体味到她的成长历程，更可从她致力于中国文物建筑保护设计与修缮工程的营造道路中，寻到她几十载如一日奉献中国文博事业的精神与感人事迹。

踏入历史的洪流，回望学人的沉浮，我们从自述、回忆与旁述的片段中一窥传记主人刘若梅的内心。感悟着她心腑那些难以言宣的话语，我们仿若穿梭于时光的列车，与那些民国时代的身影、新中国中成长起来的一代代人的身影往复交织。这些话语筑成了一部成长的心灵史，有风雨中前行的历史劲流中的知识人与创业者，也有曾经风雅的文化人士的隔代声音，更有古道照颜色，见证新中国70年风华，奋斗不止的历历往事。读刘若梅女士的家世与人生过往，仿如置身于优雅园景之中，既有林木参天、花木扶疏、曲径通幽的阅读意境，又可同时感悟到她置身厚重中华文化，在中西合璧文化特质中熏陶成长的不凡大家的精神。

——编者

一、家世

人们常说家世家风、父母格局会影响一个人的一生，对此我深有感触。回首这几十年走过的风风雨雨，我做出的每一个选择、坚守的每一种信念、收获的每一分成绩，都源于家庭给予的力量与滋养。我的祖父辈以及父母未刻意教授我什么，但他们的为人之道、处事之风，潜移默化地影响着我。如果说今天无论在专业领域还是在日常生活中，我还能得到大家的认可，就像谢辰生老先生“笑谈”的是个“好人”，我想这都要感谢家庭与家风的培养。家，曾给予我无忧无虑的幸福童年，在年少成长时赐予我难得的眼界，哪怕是青年时家庭变故带来的苦难，都成为我人生道路上欣赏绝美风景的垫脚石。在这里，我愿将所知的家世家风片段梳理出来，既为了记录历史，更为了纪念、解读、缅怀祖辈们的成就。

我出生在天津刘氏家族，我的家在河北区民族路56号（现为意式风情博物馆）。祖父辈兄弟四人为刘彭寿（1876—1948）、刘彭久（1884—1969）、刘彭翊（1894—1941）、刘彭阳（1896—1974）。兄弟四人均在北洋政府、国民政府时期在北方政界、商界做出了一番事业，自觉或不自觉地以“实业报国”“制度变革”“文博研学”的方式为社会、为国家做出了不可磨灭的贡献。往事重寻，钩稽史料，我与《中国建筑文化遗产》编辑部同人，从那些回忆录、日记、史料里辨识蛛丝马迹，求索真实，为的是还原历史中人物的现场感。

● 刘彭寿（1876—1948）

刘彭寿在祖父辈四兄弟中排行老大，是我的大爷爷，字壬三，直隶宁河人，清末秀才，民国初年随其在津经营“同顺永”斗店（即粮食交易中心）的父亲来津定居。1912年当选直隶省议会议员；1913年入国会参议院，旋调任道尹，政事堂记录，后入内务府；1915年入国民议会，任立法院议员；1918年至1919年任吉林省财政厅厅长；1920年至1924年任直隶烟酒公卖局局长，全国烟酒事务署署长，天津海关监督；1924年到1927年，创办了裕蓟、德兴、义生盐务公司，负责北方的盐务专卖，任副董事长及常务董事，成为长芦盐商“河东派”首领（张伯驹先生在盐业银行文史资料中强调）。

刘彭寿曾为中国第一家私人银行盐业银行大股东，还创办了在天津有影响力的面粉公司——福星面粉公司。福星面粉公司是新中国成立前天津第二大面粉公司，是刘彭久在大哥刘彭寿支持下创办的。1919年，刘彭久由奉天兴业银行经理卸任回津，很想做点实业。恰好斗店的副经理张良谟看到机器磨面产量高、质量好、成本低、利润大，于是提议刘氏兄弟一起投资搞一个机制面粉厂。张良谟是面粉行业的行家，精通小麦的收购，他本人还是庆长顺同记斗店的股东。在张良谟的劝说下，正想搞实业的刘彭久跃跃欲试，但一时间筹不出足够的资金。于是他请大哥刘彭寿出面帮忙。刘彭寿利用官场的关系，邀请了陈云

位于天津的梁启超故居，左侧为饮冰室，右侧为梁先生去世后刘彭寿所购洋楼

樵、刘纪亭等人入股，凑足股本三十万元。资金到位后，仅够购买机器和兴建厂房之用，其无力购置厂地，于是刘彭久租了大伙巷沿河二街的土地作为厂址，这里水路运输很方便。福星面粉公司小麦原料来源有三个渠道：一是本地斗店，如万春斗店、长顺斗店、同顺永斗店、怡和斗店和华丰裕斗店等；二是业务员直接到河北、河南、吉林产麦区采购；三是从国外进口，主要来自澳大利亚、加拿大、美国。生产车间安装了从国外购买的磨粉机 15 台，用锅炉引擎作为原动力，生产“蝠星”牌面粉。1922 年至 1929 年，面粉厂曾发生两次火灾，每次都导致停工一年多，生产经营颇受影响。有关资料记载，火灾停工期间，100 多名职工发半薪，100 多名职工被解雇。第二次火灾得到了火险赔付，后通过恒丰公司向美国购买 18 台磨粉机，重增购锅炉，使锅炉达到了 3 台。20 世纪 30 年代，福星面粉公司生产能力有了提高，日产量达 6000 袋，这在当时已经非常不简单。

梁启超先生居所饮冰室

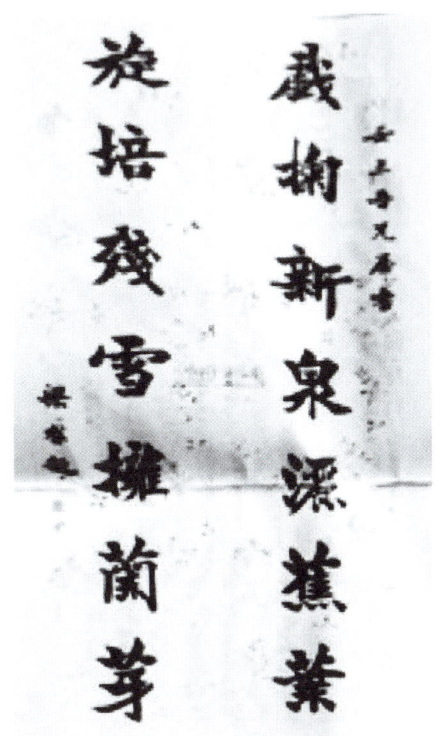

1918 年梁启超所赠对联

刘彭寿跟随梁启超多年，勤于工作，默默无闻，同人私下建议梁启超给刘彭寿安排个像样的差事，梁公表示歉意说：“多年忽略了刘兄，我一定不负同人的嘱托。”1918 年梁启超任财政部部长时任命刘彭寿为吉林省财政厅厅长，并书写楷书七言对联：戏掬新泉洒蕉叶，旋培残雪拥兰芽，题记“壬三吾兄属书”。

梁启超与刘彭寿同居天津意租界，梁公居所饮冰室与刘彭寿的老公馆门对门。梁公去世后，梁夫人将另一座洋楼易主给刘彭寿，直至 1956 年政府将房屋统一经营出租，我们一家才搬离此楼。

民国二年（1913 年），刘彭寿倡导创立宁河县中学，公举前清举人张石葛（世阁）先生为校长，由刘彭寿、苏锡麟（苏玉书）、齐翰卿（齐燮元）、白俊卿（白宝山）捐款共同兴建校舍，首聘刘彭阳（字紫铭，为我亲祖父）为校董，聘刘彭寿、苏锡麟、齐翰卿、白俊卿组成董事会。如今，芦台一中为天津重点中学，升学率极高，2012 年我们家人及《中国建筑文化遗产》编辑部一行曾去专访学校，再次感受教育兴县、教育兴业的祖辈之贡献。

● 刘彭久（1884—1969）

我的二爷爷刘彭久，字鹤龄，曾任奉天官银号副理、经理，任中华懋业银行营业主任，福星面粉公司经理、总经理等职务。因为在弟兄中排行老二，人们尊称他为“刘二爷”。“刘二爷”是出了名的好心肠，福星面粉公司曾经两度发生火灾，灾后停工期间，工厂发不出工钱，刘彭久就直接发白面给工人。1939 年天津闹大水，“刘二爷”捐钱捐面，一点儿也不含糊。

● 刘彭翊（1894—1941）

笔者父亲的养父刘宇民

祖父刘彭翊，字宇民，父亲的养父，北京大学物理系毕业（1913—1916），曾任北洋政府淮北盐运使、凤阳关监督。1929 年国民政府时期任青岛市税务局局长、山东省河务局局长。1931 年任安徽省政府委员兼财政厅厅长，1933 年任蒙藏委员会委员、军事参议院华北军分院参议、裕蓟盐务公司常务董事、华北居士林常务董事，曾参与创办菩提学会。张伯驹住西四大拐棒弓弦胡同一号（原李莲英府邸），步行至我爷爷家不足十分钟，在安钦佛下榻爷爷家时，张伯驹携夫人潘素几乎每日必到刘府。张伯驹时年四十岁，张夫人年轻貌美，举止端庄、安静、落落大方。

笔者同金磊（左 2）、韩振平（左 5）到芦台一中考察（2012 年摄）

张伯驹不善言辞，每次拜见安钦佛时都静静地落坐在大客厅一角。安钦佛弘法、讲经、赈灾、祈雨，张伯驹夫妇都默默扈从左右。抗战期间他们共拒为伪政权做任何事。20 世纪 20 年代，中国北方经济中心在天津，租界内云集退位皇帝、富商巨贾、卸任官僚以及满清遗老遗少等。张镇芳家经营银行，刘彭寿经营盐业，周馥之子周学熙早在 1906 年创办唐山启新洋灰公司、滦州煤矿公司等实业，当时有“南张北周”（南方实业家张謇，北方周家）美誉。刘家与周家、张家交往颇深，周学熙与张镇芳、刘彭寿年龄相近，彼此交往为第一代，周叔弢（周学熙侄子）、周叔伽与刘彭翊、刘彭阳、张伯驹年龄相近，为第二代。当时第二代更具活力，为社会各领域的领军人物，他们风华正茂，结交名流，出入政商主要聚会，意气风发，实业救国。他们成为合作伙伴，至交好友，延续几代，直至患难之际，

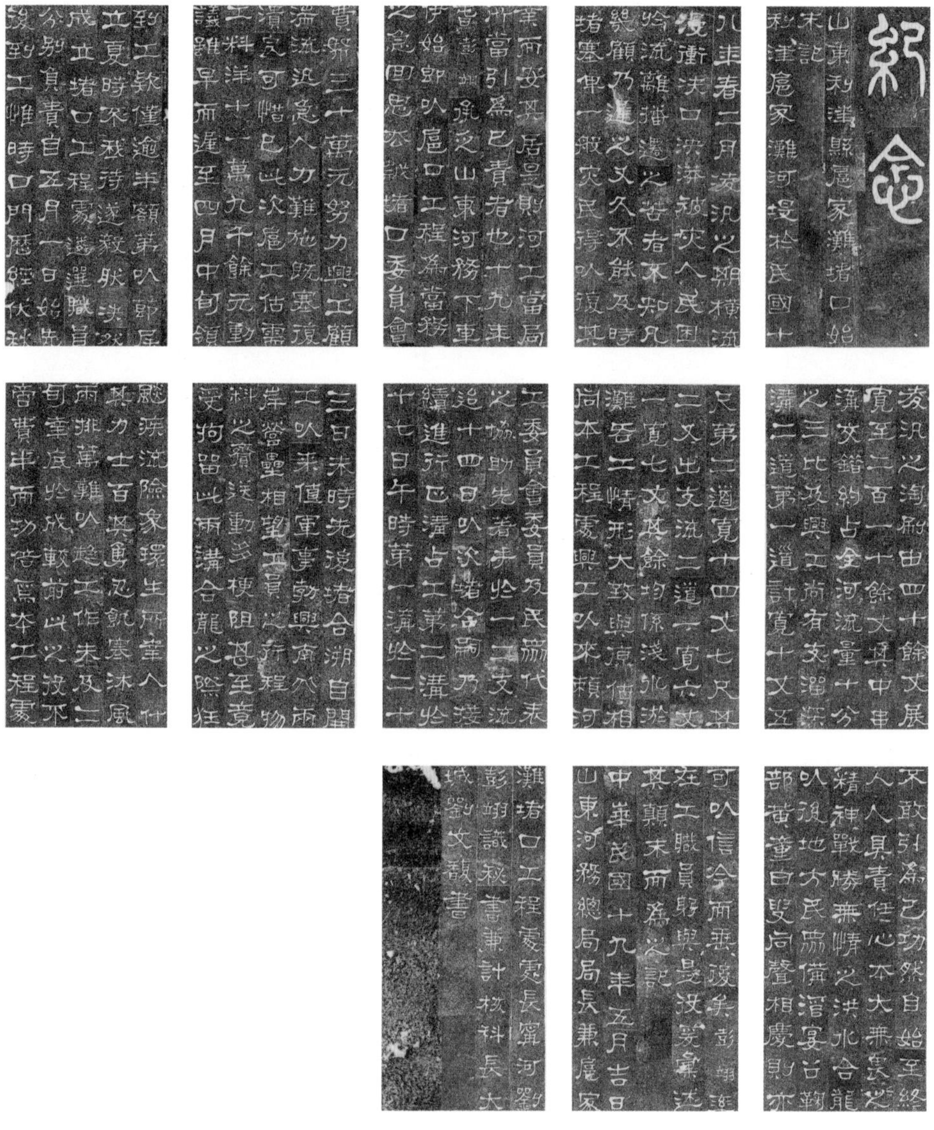
紀念

山東利津縣扈家灘堵口始末記

利津扈家灘河堤於民國十八年春二月凌汛之期橫流漫衝決口洪潦被災人民困於流離播遷之苦者不知凡幾顧乃避之又久不能及時堵塞俾一般災民得以復其業而安其居是則河工當局所當引為己責者也十九年春彭翊承乏山東河務下車伊始即以扈口工程為當務之急日思所以堵口委員會費洋三十萬元努力興工顧溜流迅急人力難施既塞復潰究可惜已此次扈工估需工料洋十一萬九千餘元動議雖早而遲至四月中旬領到工款僅逾半額第以節屆立夏時不我待遂毅然決然成立堵口工程處遴選職員分別負責自五月一日始先後到工惟時口門歷經伏秋凌汛之沖刷由四十餘丈展寬至二百一十餘丈其中串溝交錯約占全河流量十分之三比及興工尚有支溜洪溝二道第一道計寬十丈五尺第二道寬十四丈七尺其二丈出支流二道一寬六丈一寬七丈其餘均係淺水淤灘吾人情形大致與原估相同本工程處興工以來賴河工委員會委員及民廠代表之協助先着手於一二支流迨十四日以次堵合兩乃接續進行正溝占工第二溝於十七日午時第一溝於二十三日未時先後堵合溯自開工以來值軍事勃興兩岸營壘相望工員之行程物料之齎送動多梗阻甚至竟受拘留此兩溝合龍之際狂颶疾流險象環生所幸人什與力士百與勇忍飢寒沐風雨排萬難以趕工作未及二旬奎底於成較前此之役不啻費半而功倍焉本工程處不敢引為己功然自始至終人人具責任心本大無畏之精神戰勝無情之洪水合龍以後地方民衆備酒宴旨勸部黃童白叟同聲相慶則亦可以信今而垂後矣彭翊在工職員躬與是役爰彙述其顛末而為之記

中華民國十九年五月吉日

山東河務總局局長兼扈家灘堵口工程處處長寗河劉彭翊識

秘書兼計核科長大城劉文馥書

民国十九年（1930 年）五月刘彭翊任山东河务总局局长兼扈家滩堵口工程处处长，期间指挥了山东利津县扈家滩堵口工程。其秘书刘文馥在碑文中记载了这一事件始末交情不断。1935 年，祖父作为中日文化交流的使者，参加日本孔子圣堂落成典礼，并且参加斯文会学术交流。之后他又东渡日本进一步考察日本佛教现状，完成《日本佛法访问记》著作，在国内影响颇大。祖父由于体弱多病，于 1941 年初在天津德美医院病逝。

● 刘彭阳（1896—1974）

祖父刘彭阳，字紫铭（1896—1974），父亲生父，曾任陈调元参议；20 世纪 40 年代初成为盐业银行最大股东，常务董事、副总经理；唐山启新洋灰公司常务董事；福星面粉公司董事长；裕蓟盐务公司董事；大康盐务公司经理（裕蓟盐务公司前身）。

笔者祖父刘彭阳

我的祖父辈都是实业报国的爱国人士，他们与周馥家族的周叔弢一样，为中国民族工业与民族资本的振兴做出贡献。周家与我们刘家共同经营唐山启新洋灰公司，周叔弢为董事长，我祖父为常务董事。据查启新洋灰公司在 20 世纪 20 年代的产量占到全国用量的 92% 左右，可见其对中国现当代建筑发展的贡献，这种状况一直持续了近 10 年。这不仅使我们两家在经济上共同砥砺，同时也促成了刘家与周家家门传承的渊源。

刘家与周家有堪称世交的特殊关系。祖父刘彭阳曾与周治良先生的父亲，中国著名爱国实业家、曾任天津市副市长的周叔弢（1891—1984）先生一起共事多年，两家人关系甚为亲密，不仅有事业上的，也有亲情上的。当年他们在唐山启新洋灰公司天津办事处工作时，在同一个办公室面对面办公。1966 年“文革”，唐山启新洋灰公司办公室被抄，祖父和周叔弢爷爷共用一个保险柜，抄走的东西全部混在一起。后落实政策时，周叔弢爷爷的藏书全部捐献国家，其他贵重物品两家也没有领回，全部归国家所有。因此，对于很多民族产业，我们两家人都有涉及，枣庄煤矿、耀华玻璃、东亚毛纺厂、上海油墨厂、天津福星面粉公司，只要我们家持股的，周家基本也都有，就像常年在一起工作的合伙人一样，两家人对彼此都是无比信任的。而传承到我和周治良会长（1925—2016，北京市建筑设计研究院原副院长、中国文物学会传统建筑园林委员会原会长）这里也延续了这样融洽的关系，他曾在工作中给予我极大的支持与关怀。

刘彭阳的大夫人（笔者父亲的生母）在北京汪芝麻胡同

● 刘志学（1926—2011）

父亲刘志学毕业于辅仁大学西语系，少年丧父（养父），年少时便继承巨额遗产，掌握着盐业银行、启新洋灰公司、开滦煤矿、福星面粉公司、枣庄煤矿、江南水泥厂等的大量股票。

我祖父和父亲是力促国宝回归的功臣。溥仪退位后，皇室入不敷出，于是委派陈宝琛将宫内乾隆皇帝为其母亲六十大寿铸造的十六个金编钟、一批瓷器和印章抵押给盐业银行北京分行。时任经理是岳乾斋，

笔者父亲刘志学和其姐姐刘志纯

盐业银行总经理为吴鼎昌。董事会将之运至天津，后决定将此批古董运到美国，金编钟因体量过大，携带不便，最后仅将瓷器和印章带到美国，存放在美国花旗银行保险柜。敌伪时期，为了躲避日本侵略者的搜索，他们将金编钟存放在四行储蓄会地下室内，为保护国宝，胡仲文、张伯驹、刘紫铭做出巨大努力。解放天津时，他们将编钟交予军管会。祖父时时牵挂着存放在美国花旗银行的古董，临终时叮嘱父亲一定完成瓷器回归之事。1979 年父亲刘志学在《参考消息》上读到一则关于花旗银行存有盐业银行物品的消息，父亲及时向全国工商联李臻反映此事，那时张伯驹还健在，共同提供有效信息，通过努力，最后这批国宝终于回到祖国的怀抱。

“文革”后期，张伯驹爷爷从吉林回京，父亲常到后海南沿 26 号陪张爷爷说话聊天。20 世纪 70 年代初，由于生活窘迫，张爷爷和当时多数人心情一样，很压抑。为了缓解张爷爷的压抑情绪，父亲每周三必去看望，张奶奶（潘素）也一定给父亲做红烧肉，留下他吃饭，以便久留畅谈，张爷爷像小孩儿似的盼着父亲来。父亲每次来也给张爷爷平添许多欢乐，小院儿渐渐有了笑声。父亲在分析国际、国内形势方面很有见地，如数家常，张爷爷很爱听，坐在沙发上，眼睛盯着父亲，听得津津有味，偶尔接句话茬儿，不时地竖起大拇指

笔者父亲与母亲合影（摄于 1966 年）

笔者与潘素先生（左 2）合影

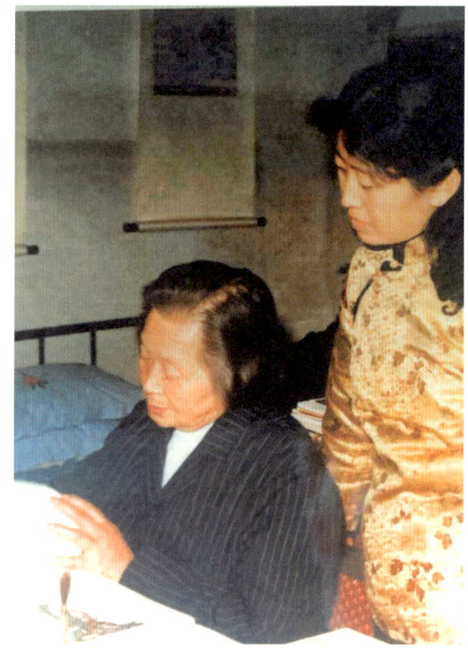

笔者与潘素先生一起翻阅画册

笔者于故宫博物院馆藏编钟前（编钟系盐业银行捐赠）

笔者出席纪念张伯驹先生诞辰 120 周年活动

点头认可。听得入神时，张爷爷偶尔也要支烟，让父亲给点燃，紧嘬两口，烟雾从瘪着的嘴里慢慢冒出来。此时，张爷爷听得入神，像个小孩子上课，又安静，又慈祥，非常可爱。他总是挥挥手，示意父亲继续讲。他喜欢父亲的分析方式以及看问题的角度，他们都期望能尽早落实一点政策，改善一下生活的窘态。从那时起，我的妹妹晓梅一直跟着张奶奶（潘素先生）学习画画，同时也照顾她们的出行。

20世纪50年代初，父亲将九世班禅送给我祖父的佛像、法器、坛城、经卷、唐卡等捐献给菩提学会，60年代十世班禅活佛来京参观巡视佛教协会，将捐献之物一一认出。

父亲的爱国热情至死没有改变，尽管受到过不公正的待遇，也被关进牛棚批斗过。改革开放以后，父亲看到了国家的希望，为了新中国的建设，他作为民主人士建言献策，把国家的发展当成有生之年的工作寄托。

● 刘志詠（1929—2001）

母亲刘志詠（1929—2001），后改名苏珊，是祖父刘彭翊抱养的日本孤儿，后与刘彭翊养子——我的父亲结为连理。母亲天资聪慧，就读于北平美术专科学校西画专业。她曾为天津劝业厂做过橱窗设计，任美术教师，因照顾孩子辞职。母亲为人善良慈爱，乐于助人，她帮助身边所有人，母亲的为人做事给了我一生莫大的影响。

“文革”期间，像我们这样的家庭都受到了冲击。我的妈妈平时乐善好施，对周围邻居有求必应，把帮助别人当作乐趣。几乎所有认识我母亲的人都穿过她做的衣服。我母亲擅长设计剪裁，审美水平极好，做出的样子既好看又时髦。她还照顾没儿没女的邻居老人的生活。在那个年代，妈妈躲过了批斗、游街，虽然家里被查抄，生活无着，家徒四壁，但妈妈生性乐观，在艰难困苦的年代里带着我

笔者母亲上学时

笔者出生后的母亲肖像

们全家度过了难忘的时光。

父亲在“文革”期间去西山农场种树，家里只有母亲带着我们六个兄弟姐妹自行谋生。母亲带着我们画灯纸、画扇面、画鸭蛋、画绢人，她把我们都教会了。每个人分工不同，作为吃饭的营生，大家都努力帮助妈妈分担。尽管家里生活非常困难，只要有一顿饭，即使同学、邻居来家里也都是大家共享，不管吃什么，家里永远其乐融融。妈妈能烧一手好菜，可以和名厨相比。妈妈的手艺在改革开放后得到发挥，来的朋友都对妈妈的厨艺大加赞赏。聪明人做任何事都能无师自通。

学校停课闹革命的那段时间，我们没有受到社会上的“造反有理”的影响，没有参加任何造反组织，一家人相依为命地度过了最艰难的时期。母亲后来参加劳动改造去扫街。我们每天早上三四点钟起床，跟着妈妈去扫街，是怕妈妈被人欺负，我们懂得了体谅父母的不易。这段时间妈妈经常给我们讲她小时候的事情。祖父（刘彭翊）的二太太被我们称为外婆，因为妈妈是她抱养的女儿，而祖父大太太则被我们称为奶奶，因为父亲是她过继来的儿子。外婆是通州人。

笔者母亲在北海留影

父母抱着笔者与哥哥

1932 年京津冀地区发大水，灾民到处都是，妈妈和外婆看到百姓流离失所，回北京告诉祖父，祖父安排人从北京到通州，从通州到天津，每十里搭一个粥棚，舍粥、舍药。每天早上，外婆带着妈妈到粥棚喝第一碗粥，说是这样孩子长得结实。从那以后，每年舍药成了刘家的必行善事，舍的药是刘家祖传秘方。妈妈小时候和家里管家徐树田的孩子在一起玩，徐管家的妻子还认下我的妈妈做了干女儿。后来妈妈就拿徐家当成自己的娘家，我们就称徐管家夫妇为干姥爷、干姥姥，“文革”期间家里生活极其困难时，干姥爷、干姥姥每月都接济妈妈，并给了我们家在最艰难时雪中送炭的帮助。平时妈妈告诉我们对任何人都要以诚相待，不分高低贵贱。“文革”期间，读书是我们的一大乐趣，我用大量时间看了中外名著。读书对我以后的人生也起到了重要的作用，素养的提升乃至人生阅历的增加都离不开家庭无形的影响和知识不断的教化。

笔者大爷爷于梁启超先生过世后，从其夫人手中买下的房子，也是笔者度过童年的地方，现作为梁启超纪念馆使用

笔者在老宅中向金磊（左 2）、韩振平（左 3）讲述过往

笔者在老宅门前阶梯上

二、成长历程

我生于1949年，作为新中国的同龄人，我的个人经历见证着祖国的发展历程。回首来路，发现自己确实历练丰富，不负年华。我享受过童年无忧无虑的优越生活，体验过社会变迁带来的难忘苦痛，也收获着国家繁荣发展带来的累累成果。我插过队、做过工人、在国家机关工作过，之后几十年又在传承文化遗产的创业和支撑学会工作中不断经受考验与磨砺。从我的个人经历中，或多或少可折射出社会发展、历史变迁的痕迹。在这里，我叙述几段人生发展的关键片段，它们汇聚在一起，或许就成为成就今天的自己的原因。

● 难忘无忧童年

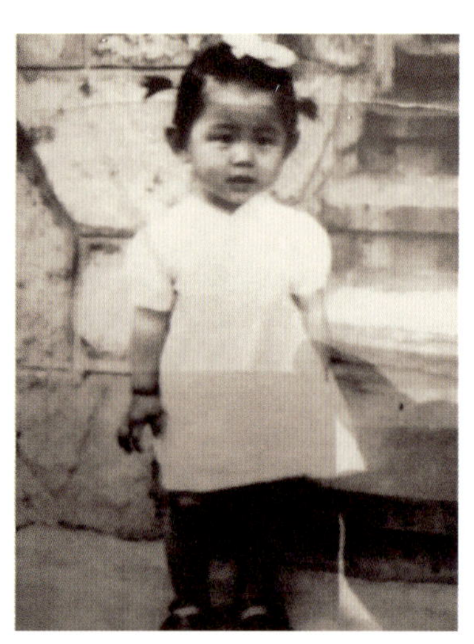
2岁时的笔者

我出生在天津意式风情区（原为意大利租界）民族路56号。因为家中长辈都在工商界或政界任职，家里生活非常殷实。我是在长辈的呵护下成长的。家里的房子分前楼、后楼，四楼四底。院子里是果树、花草及欧式雕塑，家里装饰中西合璧，家具、字画及祖父的收藏给了我历史文化上的熏陶。街道干净安静，不远处就是马可波罗广场，和海河相邻。我隐约感到自己家庭的特殊，虽然年纪还小，生活安逸平静，但我不知道这样的家庭背景会给自己今后的道路带来怎样的波澜。1956年公私合营，父亲到北京自己家开办的化工厂工作，父亲还在化工学校教授英文，直到“文革”。1959—1961年的三年困难时期，让我体会到活着还会遇到那么多困难。那时，大多数家庭都是缺吃少穿，寒暑假去爷爷奶奶家，他们会给我准备

1 岁时的笔者

奶奶抱着 1 岁多的笔者在天津民族路家中

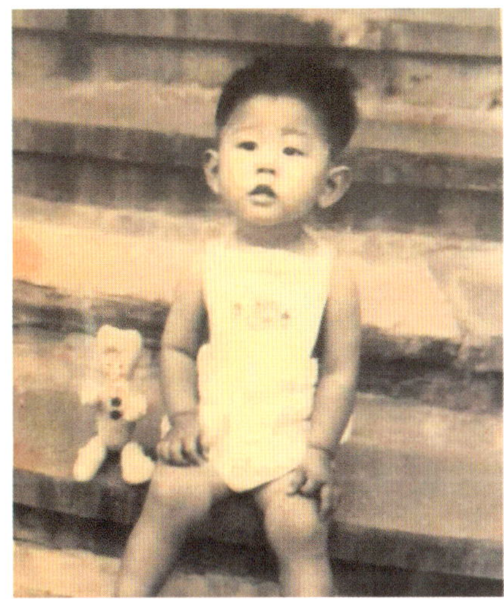

2 岁时的笔者

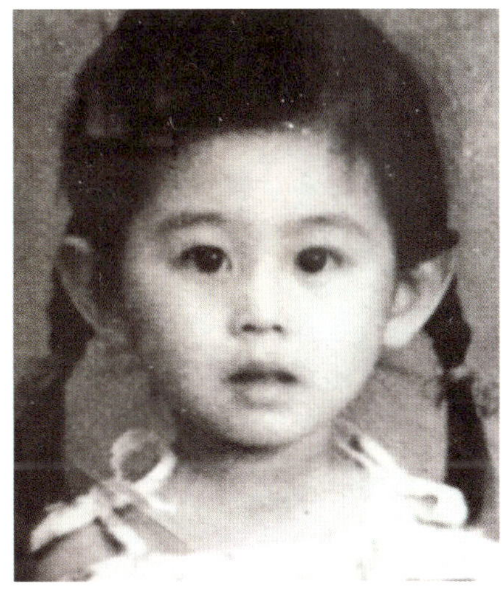

3 岁时的笔者

4 岁时的笔者与弟弟

4 岁时的笔者与兄弟

奶奶、妈妈、哥哥与笔者（摄于天津民族路家中）

2 岁的笔者和奶奶在天津家中院子里

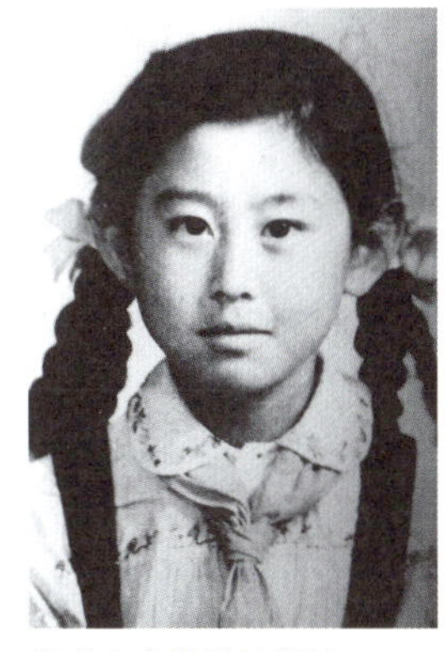

笔者上小学时的照片

叔叔和怀抱着弟弟的奶奶，以及母亲和 4 岁的笔者

左起 奶奶、弟弟、母亲、笔者

奶奶与 6 岁时的笔者合影

笔者在出生的老宅前留影，左图摄于 2020 年 5 月，右图为 2 岁时拍摄

笔者出生的民族路老宅

很多好吃的东西，大白兔奶糖、巧克力……后来才知道，这些东西是爷爷奶奶变卖很多东西才换回来的高价糖、高价粮。那时很多人由于营养不良而变得浮肿，拿着医院开的证明才可以买到半斤黄豆。北京对学生也有一些补助，学校给学生六尺（2 米）人造棉票，这些布能够做一件衣服。父母为了不让我们挨饿，也变卖家里东西换来高价食品，因此我们长身体时没有饿到夜里睡不着觉。

笔者回到出生地（2020 年 5 月）

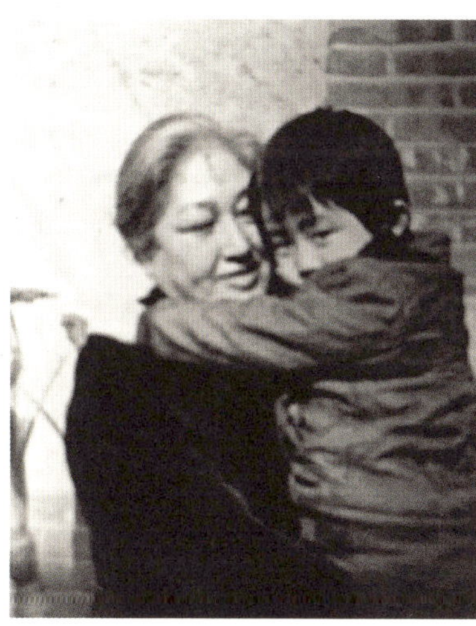

笔者儿子与笔者母亲合影

笔者儿子 6 岁时与笔者母亲合影

● 在波折中成长

“文化大革命”对于很多人而言是不堪回首的。由于特殊的出身，我和我的家庭所受的冲击格外强烈。在学校里，我是属于一看就“格外显眼”的孩子。那时的我性格内向，不爱说话，同学都觉得我“不合群”。上中学时，我的学习成绩一直名列前茅，几年间功课都是优秀，六门功课我五门是“优”。我在 15 岁（初中二年级）就已经加入共青团，那时候入团还要求写对家庭的认识，要表示和资产阶级家庭“划清界线”，我必须得穿带补丁的衣服，脏活、累活抢着干。我并不是“娇小姐”，在下乡劳动时，干活绝不落人后，我也不知道怎么偷懒……现在想来，那时的自己确实太单纯太“听话”了，给我什么我都接受，我都认为是最正确的，从不提出异议。尽管我要求自己一切做到最好，

笔者上中学时与同学到八达岭春游（摄于 1965 年）

笔者中学时期所拍摄的照片

但也没有逃过“文革”中的批斗。班里把我定为走“白专道路”的典型，是钻进团内的“资产阶级狗崽子”，是“走资派”老师的“孝子贤孙”，就连我妈妈给我开家长会也成了罪状。妈妈人长得漂亮，穿着自己做的旗袍，和其他同学的父母不一样，这在“文革”中就是罪状，是典型的“资产阶级阔太太”。这一切的打击和侮辱，让一个只有16岁的孩子茫然而无所适从，也无法承受，几次也想到过以死去逃避现实的念头。当时班里同学有功课极差的，居然站出来说“我们不好好学习就是因为不走‘白专道路’，知道这些教材是资产阶级的东西”。由于自己年轻气盛，当时非常不服气，心里默默地说：“我就不信学知识没用，‘造反’有用，只要不死，咱们走着瞧，早晚有一天还会证明我的想法是正确的。”

现在回忆那些所谓的“磨难”，已经没有太多的“愤懑”。随着时间的推移，这些过往经过一年又一年的洗涤，我只是想说，人活在世上，很多东西是摆脱不掉、逃离不开的，当不幸来临时，你除了面对、坚守、咬牙挺过去，没有其他退路。现在想想，这些成长中的经历，恰恰成为自己的“财富”。这就是我为什么不再惧怕困难，不再惧怕挫折，不再惧怕别人怎么说，坚定地认为只要是正确的就从不放弃努力的精神动力。

转折带来厚积薄发

我曾在一本书中读到一位法国汉学家对于“上山下乡”这一事件的探讨与思考。这让我意识到，无论对于中国还是世界，这样一个事件或许都是史无前例的，因为那是一场锻造新一代的运动，而我又身处这一事件当中。著名作家、福建省作协副主席舒婷于 1980 年写有诗歌《一个人的呼声》：“……心中只剩下，一片触目的废墟……但是，我站起来了，站在广阔的地平线上，再没有人，没有任何手段，能把我重新推下去。”我对这首诗，感悟很深。

1968 年，我走到了人生的另一个转折点。就在那一年，随着知识青年“上山下乡”的大潮，我来到山西原平插队。

18 岁我来到一个极其贫困缺水的农村。这几年让我真正体会到什么是生活的艰难。原平县西镇公社后沙城大队是一个靠下雨才能喝上水的村子，村口有一个大坑，每年农民都期盼着下雨能存下水来用。大坑存的水里漂着活的死的虫子、小蝌蚪……突然一下子来了那么多学生分吃分用了整个水塘的水，村民对学生每天下地干农活后洗漱非常反感，因为我们用的是人家要喝要用的生活用水呀！土地贫瘠，泛着白色的盐碱，只有很少的土地能种出玉米、小米和土豆，产量极低。每天男生工分能挣一毛钱，女生只能挣六七分钱。

春天我们冒着刮着沙子的大风下地干活。地上一半是沙土，走一步退半步，赶上大风天，人们挖了土坑，在里面避风，半天下来就把自己埋在里面了。

夏天下地收麦子，脸被晒得一层一层地脱皮，同学们相互一看，每人都是小鬼脸；收豆子时脸上、手上、胳膊上都是划的小口子，满脸的伤口。秋天扬场工作，常常弄得人灰头土脸，而且因为缺水，我们也不能常洗头。深秋需要积肥，而挖粪是最累的活。我们把粪搅上土挑着往地里送，然后用手扬在地里。冬天零下 20 多度，脚上

笔者插队之前与友人合影

笔者插队期间照片

的冻疮裂着口子，晚上脱不下袜子来。每天知青吃的是 7 个发酵的玉米面窝头，一碗用黑豆酱煮的萝卜条汤，没有一点油。喝的水必须抓一把小米放里面煮开，因为水有很重的腥味。

真实的生活能让你明白许多道理，让你学会隐忍，学会坚强，学会面对。由于我小学时就有血管性头痛的病，一直无法治愈，县城医院也买不到该吃的药，1971 年 4 月我被病退回北京。

回京后，我去街道知青安置办公室找工作，因为出身不好，很多工作都不能安排给我，后来我被安排进了东城区的集体所有制企业——一家服装厂，一干就是八年。其实我在工厂里已经是“先进生产者”了，同事和领导都特别喜欢用我，因为我手脚利索，从不偷懒。当时的工作虽还算安稳，但还是处处要看“成分”，这让我意识到，在那里根本不可能有更好的发展。因为我有这个信念，就抓住了人生的机遇——1979 年，我的中学老师把我调入海军的一个“三产”单位（位于西三环的公主坟海军大院），后来单位送我到北京财贸金融学院学习。在此期间，我有幸结识了很多让我受益终身的老领导、老专家，其中包括年龄最长的女红军、女革命家王定国（1913—2020）。王妈妈是一位久经风霜的老革命家，是我党创始人谢觉哉的夫人。她不仅有胸怀，更是一位有着慈母般的心灵的老人。改革开放初期，百废待兴，所有人都希望我们这个民族能够更快崛起，走了那么久的弯路是大家不愿看到的。

改革开放让我有了全身心投入工作的机会。自1981年起，我将孩子送到幼儿园，开启了学习创业的路程。说起对孩子的教育，我至今无法消除愧疚，因为他没有爷爷奶奶，外婆又离得很远，孩子从小学二年级起，脖子上就挂着钥匙，自己去复外一小上学，中午去北京市建筑设计院食堂吃饭，放学自己回家做作业，直到高中毕业。在改革开放初期，大家都投入到复工、复学的热潮中，十年时间的荒废，我们不得不把损失的光阴找回来。我自己边学习边工作，更是无暇照顾孩子。所以儿子是自己长大的，他没有得到其他独生子女所享受的百般呵护，在学习过程中也没有像现在的孩子一样得到家长的看护和课外老师的辅导。我无法弥补不曾陪孩子长大的那段时光，因为每个人的时间都是一样的，回头去看那段时间，每天学习工作、加班加点是家常便饭。1983年结束学习，我进入中国国际文化交流中心工作。由于家里的社会关系及自己的个人经历，这份工作为今后的事业奠定了基础。我在工作中得到上级领导的重视，也为国家做出了一些成绩，圆满完成了重要的任务。1984年，在组建中国文物学会时（原名中国老年文物研究学会），我结识了很多让我终身受益的老领导、老专家。王定国老妈妈就是我的指路人。改革初期，她带我去四川、广东、福建考察，学习南方改革开放的先进经验，也学习到老一辈无产阶级革命家的优秀品质。他们影响了我，特别是他们对党对人民的感情无比深厚，使我看到他们心底宽阔、容纳百川、永远向前看的伟大情怀，这更坚定了我前行之干劲。

三、用心呵护奉献学会

学会工作只能用心奉献，绝不能索取。

1984 年在改革开放初期，为了挽救中华民族的传统文化，为了振兴我们的民族文化，文物界、文化界专家领导以及一批老革命家，如王定国、卓琳以及刘华清等倡导发起成立“中国老年文物研究学会”，旨在弘扬中国传统文化，助中华民族的伟大复兴。学会于 1984 年 6 月 21 日在人民大会堂陕西厅举行了成立大会，名誉会长陆定一、陈野苹，会长金紫光，副会长王定国、谷牧、刘澜涛、杨静仁、荣高棠、李葆华、杨献珍、齐光、李一平、李信、陈道、廖沫沙、熊克琨。萨空了、连贯、罗哲文、谢辰生、单士元、贾兰坡、郑孝燮、柴泽民、黄华、黄镇等一批老一辈革命家和学术专家都参与其中，大家都为学会工作的开展、宣传出谋出力。当时我是学会最年轻的工作人员，筹备期间，所有的手续都是我去办理，和所有老领导老专家的联系

笔者陪同王定国女士、海司叶政委考察广州市第六届全国运动会（摄于 1986 年）

老红军王定国（1913—2020）九十华诞时与笔者（摄于 2003 年）

1990 年圆明园学术研讨会，右 2 起 付连兴、罗哲文、庞树义、杜仙洲、单士元、张镈，左起孙永林、笔者

专家为东岳庙文物保护工程验收合影（左起：贾兰坡、笔者、郑思远、沈延杲、单士元）

笔者陪同柴泽民及夫人考察

左起 郑孝燮夫人、笔者、陈淑英、单士元、熊克琨、单士元夫人

笔者陪同罗哲文（左 2）、付清远（左 1）等在杭州考察

也是我亲自去跑，因此和大家建立了亲密的关系。老领导拿我当孩子对待，告诉我应该怎么做，他们看到一个年轻人能够踏踏实实地为这个事业努力工作，不怕辛苦，很是欣慰。在工作中，他们与我建立了一生的信任关系，支持了我一生的工作发展。

1986 年，学会理事李健生先生（章伯钧夫人）家里落实政策。潘素先生找到我说李健生家里希望通过中国文物学会将发还的这批文物古籍、明刻版珍贵善本图书三百三十部两千五百六十二册，捐献给安徽省图书馆。

章伯钧先生是著名民主人士，1930 年在上海成立的中国农工民主党是新中国成立后我国八大民主党派之一。他之前一直支持国民革命政府，抗战期间与中国共产党密切合作，积极参加爱国民主运动，曾为中国农工民主党主席、全国政协副主席，后被划为“右派”，“文革”初期受到迫害，于 1969 年去世。

我为捐书一事去安徽，联系安徽省文化厅和安徽省图书馆，请李健生

笔者陪同李健生先生（前排左 3）、章师明（右 2，曾任中国农工民主党副主席）及家人考察黄山

安徽日報
ANHUI RIBAO
报刊登记证001号 代号25—1

1986年5月
24
星期六
农历丙寅年
四月十六
第12369号

铜陵市积极开展城乡

“邮老鼠”落网

《安徽日报》1986 年 5 月 24 日报道章伯钧藏书捐赠仪式在合肥举行

《章伯钧先生生前藏书捐赠目录》

笔者与李健生（中）、章诒学（右）在安徽考察

为李健生图书捐献活动赴安徽黄山考察

江苏同里学术年会专家合影（左起：刘叙杰、周治良、刘若梅、谢辰生、郑孝燮、杜仙洲）

左起 罗哲文、付连兴及笔者

承德年会部分专家合影（左起 张锦秋、杜仙洲、笔者及付清远）

先生和其子章师明、其女章诒学参加捐赠仪式，圆满完成李健生先生及家人的愿望。

1986 年，在章师明担任中国农工民主党副主席期间，由李健生先生介绍我加入中国农工民主党，从此我以民主党派的身份为国家做了许多联络海外文物回归及台湾海峡两岸“三通”的工作。

不管是家中长辈，还是世交挚友，这些受过良好教育并有着深厚修养的前辈，都是因为爱这个国家可以倾其所有，他们宁可自己生活拮据，也舍不得变卖国宝，可以将其无偿捐赠给国家。这些代表人物有太多应该宣扬的品德，尤其是在目前这个时代，弘扬爱国爱传统的文化品格是非常有必要的。

亲身经历让我受益匪浅，近朱者赤，近墨者黑，这些前辈的言传身教为我树立了做人做事的榜样。

1984 年成立了中国传统建筑园林研究会（中国文物学会传统建筑园林委员会前身），在故宫博物院原副院长单士元和建设部原副部长戴念慈的带领下，文物界与建筑界的大师、专家一起发起了对中国古建筑的保护与传承，使我有更多的机会接触到这个领域的众多专家学者。

37 年来，中兴文物建筑工程公司、北京兴中兴建筑设计事务所与中国文物学会、中国文物学会传统建筑园林委员会从没有所谓的“从属”关系。在我心目中公司与学会应是相濡以沫的，公司尽己所能为学会提供经费帮助，而学会的专家们也为公司的发展提供了强有力的技术支持。我对于学会的情感是不掺杂任何杂质的，否则也不会坚持到今天。我是个重感情且谋事业的人，于私，我感念老一辈学会专家的知遇之恩；于公，我确实对中国文物古建筑保护事业饱含深情，自觉自愿去努力，多做奉献。

我一直认为，学会应是纯粹的公益性学术团体，某种意义上要代表国家行使其遗产保护的学术话语权。学会工作只能付出，不能索取。如果没有这个思想，就不要做学会工作。抱着这样的想法，我们总是想实实在在地帮助学会解决问题。比如中国文物学会刚成立时的筹备工作以及后来的办公地点、办公场所和办公经费都由我们提供。学会历届的论坛活动、会讯出版、文化交流需要的经费也都由我们支持、资助。

30 多年间，从传统建筑园林委员会第一届会长单士元先生，到第二届会长周治良先生乃至现任会长付清远先生，作为学会秘书长，我都努力做好他们的“助手”，他们也给予我充分的信任，对此我十分感怀。此间我不能不提我对故宫博物院古建部原主任付连兴先生的感激与怀念之情。

付连兴先生离开我们已有 22 年，“文革”期间付工和我哥哥是文化部在湖北咸宁“五七”干校的好朋友，改革开放后各自在文博口工作，

笔者与傅熹年先生、耿宝昌先生等专家在东岳庙欢度重阳节（2019 年）

笔者参加中国文物学会第八次会员代表大会（2018 年）

笔者与专家在文物保护培训基地（2018 年）

于谢辰生家中为谢老过生日（2018 年）

笔者与金磊（左）、付清远（右）在文物保护培训基地（2018 年）

“新时代 新征程：中国建筑遗产保护 70 年学术论坛”部分嘉宾合影（2019 年）

笔者与单霁翔（右 2）、付清远（右 1）、金磊（左 1）在四川自贡学术会议期间合影

笔者组织专家团队在四川荣县大佛考察

但仍是常常来往。在 1983 年筹备成立中国文物学会传统建筑园林委员会时，付工追随单士元先生，与戴念慈部长、张镈先生、周治良院长积极支持学会的筹备工作，联络大批文物界、建筑界的专家大师，

笔者陪同范徐丽泰考察故宫博物院

为国家文物保护工作组建了一个学术组织，为了团结有识之士无私地投入大量时间和精力。

1996 年，正值传统建筑园林委员会换届改选，单老、罗老与谢老一致同意请周治良院长担任专委会第二任会长，此事的关键人物是故宫博物院古建部原主任付连兴。正是因为他的积极努力，才使得传统建筑

笔者参与故宫过大年活动（2019 年）

笔者与谢辰生先生（左）、马国馨院士（右）在池州国润祁红文化活动中（2019 年 4 月 3 日，故宫博物院）

园林委员会换届得以圆满完成，同时也正是在付连兴的引荐下，我才正式进入传统建筑园林委员会任职。当时，付连兴先生在故宫博物院主持古建部工作。他本是文博界研究古建的人，但他和周治良先生（北京市建筑设计研究院原副院长）的关系极好。正当学会为新一届会长

笔者与池州市副市长贾瑄（右 3）、金磊（右 2）、池州文化和旅游局局长林芳（右 1）在东至周氏家风馆合影

笔者与天津市规划和自然资源局原副局长路红在第四批中国 20 世纪建筑遗产项目公布会合影（2019 年 12 月）

人选“犯难”时，他主动请缨，由自己去做周治良院长的工作。周院长本来很有顾虑，担心自己不是纯古建界的人，要担任一个传统建筑园林委员会的负责人，觉得有些不妥。但付连兴先生反复做工作，并告诉周院长将由刘若梅协助周院长负责日常工作，这为周院长下决心担任会长铺平了道路。他还说：“刘若梅在近十几年的工作中，无论

笔者同专家团队在四川葭萌关考察

在故宫学术会议上，前排左起 路红、贾瑄、笔者（2019 年 4 月 3 日）

是对中国文物学会，还是对传统建筑园林委员会都给予了全力的支持。其一，学会经费有了着落，日常办公经费就解决了；其二，她在古建圈里人脉较广，和很多老专家相处得很好，有她在，您就不用担心和古建界的人‘生分’了。”自此，周治良院长答应担任会长，而我也正式进入专委会担任副会长兼秘书长。

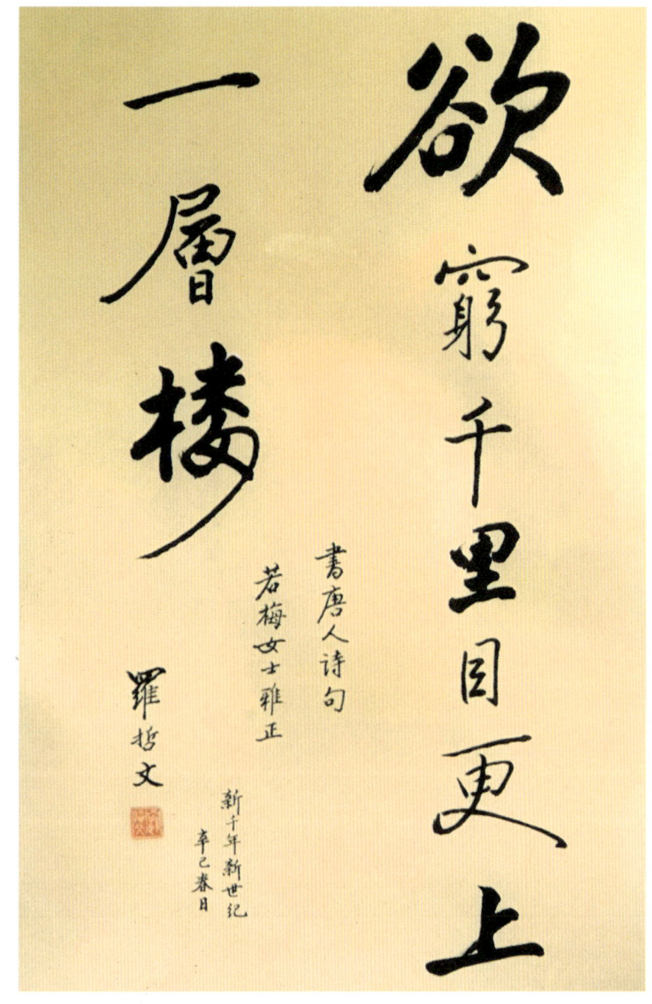

罗哲文先生赠刘若梅书法

付连兴先生是个“奇人”，这不仅指他有较高的业务能力，更指他通晓古建界和建筑界的许多人和事。自学会成立起，付连兴就开始为学会工作奔波，前期协助单士元会长，后来成为中国文物学会罗哲文会长的得力助手。换届初期，付连兴主持过一段日常工作，尤其对学会管理制度做了充分调整，为学会体制的规范化铺平了道路。

我们在做《中国古建园林三十年》汇编时，大家想起付连兴先生都感到非常惋惜。付连兴先生在 1996 年换届后两年就离世了，这是古建界一大损失，对于付连兴先生我们特别怀念。每个人都是沧海一粟，分工不同，能力各异，聚在一起，才有力量，少了谁，力量就有些欠缺，付连兴先生在古建界文物保护上起了很大作用。不管是单老、罗老还是谢老，都对付连兴先生非常器重，付连兴先生的特点是“敢说”“会说”且“能做”，只可惜，他去世太早了。我们一直在想，如果付连兴先生还健在，不管是故宫还是学会的文物保护工作都会开展得更加有声有色。

我与学会专家们在工作中培养的感情，也延续到生活中。单士元先生担任会长时，家住大石桥，我们在宝钞胡同办公，离得很近，走路十多分钟。单老经常自己拄着拐杖到我们办公的四合院里，和我们聊天。他给公司的员工讲故宫的故事，故宫的文物保护，年轻时的工作经历，经常说得眉飞色舞，意犹未尽。每次聊完他都说，“我得吃老刘家红烧肉，老刘家的红烧肉跟别人家不是一个味儿。”每次我炖了肉，单老就拿一个小盆端走，特别高兴。

与今天已年近百岁的谢辰生先生相识也已快40年，他是全国文物保护界的“国宝级人物”，对他照顾是我们义不容辞的责任。每年我们组织业界为谢老祝寿已成为“常态”，每次他都非常开心。在2019年8月26日的祝寿宴上，谢老甚至感动落泪。

罗哲文先生更是我的恩人，他也算是领我入门的老前辈、长辈及恩师了。1984年，中国国际文化交流中心成立，聘请了大量文化界有影响力的专家学者，作为国家对外文化交流工作的使者，罗老属著名专家之一。罗老、谢老是对我最为了解的两位专家。当时我的上级领导为了支持我的企业能够更好地发展，为国家多做些事情，将我的身份背景向两位专家说明，两位专家通过几年的相处对我有了了解，认为我为人可靠、为事业尽心尽力，并为学会工作做出了很多贡献。罗老在政协担任文化组组长期间，去浙江、江苏考察都带上我，边走边讲。我们走遍全省文物保护单位，不同的建筑、不同的年代、特点及保护方法，他给我讲得仔仔细细，就像带着一个学生教授专业课程。在和黄景略先生去四川考察时，他叫上我一同去看，

笔者与周治良会长夫妇（左 2、左 1）、谢辰生先生（左 1）在承德合影

我们在几处酒窖考古调查，他也是边走边教。三十多年的耳濡目染，老先生的为人做事都给了我无形的影响。追随这些大师级的专家学习工作，我一生受益。我和大家说我是个幸运儿，年轻时给我的磨难练就了我的坚毅和无所畏惧，遇到了这么多对我器重的专家，就是让我站在巨人的肩膀上去成就一番事业。我永远感激给我的所有机会，我也将永远回报这个社会。

随着越来越多古建修缮项目的完成，我愈发感受到中国传统建筑文化的推广与传承的重要性与紧迫感。而中国文物学会有丰富的专家资源，从事古建筑保护方面的专业培训具有得天独厚的资源优势，由此我产生了建立古建修缮传统技艺培训基地的想法。2017 年，我们与中兴文物建筑装饰工程集团有限公司的刘志华董事长携手创办了对中国建筑文化遗产继续教育起到重要作用的“中兴文物建筑集

笔者在承德年会与郑孝燮先生合影

笔者在同里专委会年会同周治良会长合影

笔者在深圳大鹏古城专委会年会与刘叙杰先生合影

笔者接受北京电视台采访

团培训基地”，这些想法乃至实践，都得到单霁翔会长的强有力支持。如今，这个基地已成为中国文物学会培训基地、故宫官式古建筑营造技艺培训基地、中国文物保护技术协会培训基地等。在这里，专家们为年轻的古建筑修缮从业者做培训，推广好的经验，做学术与建筑技艺交流，它已经成为北京市最具代表性的建筑文化遗产教育与实习场所。

回想中国文物学会和传统建筑园林委员会走过的发展之路，是与我们的努力和支持密不可分的。但我们做这些，都是发自内心的奉献，而这些也很令学会领导认同和体谅。如身为北京市建筑设计院原副院长的周治良经常说，“刘若梅你们支撑企业已经很不容易了，还要支持两个学会的工作开展。”每每想起他对我的关怀和理解，就让我动容。

在内蒙古考察，左起安泳锝、笔者、黄元

黄元及笔者陪同自贡市领导一行考察（故宫宝蕴楼，2019 年）

2018 年 12 月，我当选中国文物学会副会长，我知道这是对我几十年文物保护工作的最大肯定。作为一个肩负社会责任的文物保护工作者，我将为了这份荣誉与职责而竭尽全力。要做一个用工作滋养人生的人，我确实还要奋斗不止，因为建筑文化遗产需要守护者、继承者、传播者，更要探索创新之路。面对城市化进程，面对城市更新的重任，抱有敬畏之心才能秉持精细化之做法，才能让文化遗产激活营造适合文创产业的更多业态。

我也在想，何为文化遗产传承不止的内生动力，何以使发展之路迈得更稳、行得更远，要从根脉上找原因。建筑遗产生成的文化是历史或当代的，有丰富的底蕴，重在我们要有真正的历史态度去看准它们，要有慧

笔者同金磊领衔的《中国建筑文化遗产》编辑部为传统建筑园林委员会出版的学术内刊及专业书籍

眼识真经之力，在保护上坚持还原历史原状、原工艺、原材料，要坚持住城市的历史传统和建筑精华，它们才会真正地滋养出新的有中国特色文化的建筑与城市，这才有瑰宝的价值。为此，我更要继续坚守自身的文化遗产情怀，用自己尚柔弱的身躯和坚韧的风骨，培育团队更多人的建筑遗产保护传承之心与奉献精神。

也许是自小受到家门学风的浸染，我始终认为无论对于理论研究还是实践应用，学术思想的总结与传播都是格外重要的。自参与委员会工作以来，我便和学会领导思考如何充分挖掘传统建筑园林委员会深厚的专业底蕴，更好地为中国传统建筑文化的传承与创新服务。进入2011年后，通过与委员会金磊副会长领衔的《中国建筑文化遗产》编辑部的密切合作，同时联合天津大学出版社，借助学会专家领导的学术力量，由中兴公司提供财力支持，我们使委员会在学术出版领域迈上了新的台阶。自2011年起，对创刊于1987年的《传统建筑园林通讯》（1987年3月30日，罗哲文先生为本刊题字）进行系统改版，

笔者考察安徽池州祁门红茶老厂房（左 2 金磊、左 3 殷天霁）

截至 2019 年 12 月，该刊共计出版 59 期，主要栏目包括：特稿、事件论坛、文博·建筑大家、工程案例、政策·法律·法规、建筑·遗产·咨询等。《传统建筑园林通讯》不仅是委员会日常工作管理的重要载体，更是专家学者们交流思想、向业界发声的重要学术阵地。此外，委员会在单霁翔会长领衔的学会领导层的指导下，结合每年度的学术研讨会，同《中国建筑文化遗产》编辑部、天津大学出版社一道，将专家学者们的研究成果与实践总结集结成册，以出版学术论文集的形式向社会业界推出，至今已推出数十册，在业界乃至社会均产生了广泛的影响力。其中具有代表性的论文集包括：2011 年，在“纪念梁思成先生诞辰 110 周年学术论坛暨中国文物学会传统建筑园林委员会第十七届年会”上推出的《建筑文化遗产的传承与保护论文集》，论文集收录了数十位专家学者撰写的传承梁思成先生历史建筑文化及建筑科学思想，保护历史建筑文化遗产，记录全国重点文物保护单位重要文物建筑保护规划、设计、维修成果，以及挖掘对传承建筑文化遗产有价值的保护材料和传统技艺的文章；2012 年，在“纪念《世界遗产公约》发表四十周年学术论坛暨中国文物学会传统建筑园林委员会第十八届年会”上推出的《建筑文化遗产的保护与利用论文集》，学者们通过五十余篇文章的书写，全面展示了中国文物建筑遗址保护、文物建筑环境保护、古建筑传承探讨与文化城市建设成果，论文集旨在针对高速化城市建设发展的大环境，提出如何保护珍贵的建筑遗址的策略，逐步提升由功能城市向文化城市转化中的内涵、格局，服务于城市文化建设；2013 年，在“自我发现与提升——建筑遗产保护工程反思暨中国文物学会传统建筑园林委员会第十九届年会”上，推出的《建筑文化遗产的传承与发展论文集》，它采用学习保护与利用优秀项目案例与反思不足相结合的方式，旨在树立评论之思，树立正确的建筑遗产保护的文化立场，通过有针对性的研讨，不仅为《中华人民共和国文物保护法》修订、更为中国城市化与城镇化的健康发展提供了正确的文化建设导引；2014 年值中国文物学会传统建筑园林委员会成立三十周年之际，我们召开了“纪念中国文物学会传统建筑园林委员会成立三十周年暨传承 · 创新 · 发展第二十届年会”，出版了《中国古建园林三十年》论文集，其中梳理并总结了学会三十年来在文物保护与利用、理论研究、专业培训、学术交流、书刊出版等方面的不凡历程及宝贵经验，展望了文化遗产事业发展的光明前景，拓展学会在文化城市建设及新型城镇化发展时代背景下的发展视野；2019 年新中国成立 70 周年，为纪念这一重大历史时刻，委员会发起了“建筑遗产保护成果与创新理念 · 纪念新中国成立 70 周年”征稿活动，在自贡召开“中国文物学会传统建筑园林委员会、20 世纪建筑遗产委员会 2019 年年会暨盐业文物专业委员会揭牌仪式”学术研讨会的同时，完成了《新时代 · 新征程——中国建筑遗产保护 70 年学术论坛论文集》的编撰出版，其中收录了新中国 70 年，尤其是改革开放 40 年来能代表中国建筑遗产保护成果的设计修复与营造优秀案例，重点展示了围绕优秀案例成果所体现的遗产保护与设计理念，包括国外先进遗产保护理念与方法的引进。

愿每一个人都有最初的真诚，更有不服输的坚持，在自律的坚守与不息的奋斗节奏里遇见更好的自己。

四、创办公司有希望也有艰辛

2017 年笔者在衡山

1984 年，在中国国际文化交流中心的指导下，中国老年文物研究学会、中国传统建筑园林研究会正式成立，成立之初就定位为“最高层次的学术单位”，而且为了不给国家增加负担，制定了“三不要”原则，即不要经费、不要办公地点、不要国家编制。可是任何机构的运转肯定需要经费的支持，所以，经过一番努力，在同一年，我们成功注册了中国文物建筑咨询公司，它是中国国际文化交流中心的下属单位。为了支持学会正常地开展学术活动，更为了弘扬中国传统文化，企业必须进入市场，我作为负责人也担负起企业发展、市场竞争的重任。

说到公司的名字，还有段插曲。1984 年，我到工商总局注册登记的名字是“中国文物建筑咨询公司”。20 世纪 90 年代初期，公司在国有资产管理局变更为股份制企业，成为北京首批改制企业，并作为北京试点公司进行推广。作为一家改制企业，名称以“中国”开头就不符合规定了，所以需要更名。当时，我们认为“中”字代表中国，这不能变，所以要从“国”字上做文章。由此，想到西汉时期的“昭宣中兴”，“兴”是为兴盛、繁荣的意思，于是我们将公司名变更为“中兴文物建筑咨询公司”。1992 年，根据建设部的管理规定，我们将设计职能从中兴拿出，独立注册了北京兴中兴建筑设计事务所。

笔者在塔尔寺修缮期间工作照

笔者在三江源发源地考察

笔者同王时伟、尚国华、西藏文物局领导等专家在西藏考察途中

笔者在西藏与当地领导交流

回想公司成立之初，我们和每一位创业者一样经历过步履艰难的挣扎。虽然我们挂靠在国家机关，但并没有向国家伸手要过一分钱。在改制时，国有资产管理局在对公司的资产评估和调查后，将资产全部清理，不让国家有一分钱损失。我作为公司管理者，以个人名义接手了公司。那时是最艰难的时候，一切从零做起。即便如此，我依旧分给当时在公司里工作的所有员工每人或多或少的干股。得知此事，有的领导说我“脑袋进水了”，但我认为跟着我一同努力创业的人，绝不能辜负，

利益是大家的。现在，当年持股的人多数退休了，在他们退休时，我按双倍股本金额退股金的方式给了每人一笔钱。

凭着坚定的守望之心，依靠同人们的顽强拼搏，仰仗业界专家同行们的支持帮助，我们的公司一步步走到今天，成为中国古建修缮和设计企业的杰出代表，其中的不易无须多言。特别需要回顾的是，对于这其中的

笔者与王时伟等在布达拉宫前

笔者于拉萨哲蚌寺（一）

笔者于拉萨哲蚌寺（二）

时任北京市规划建设委员会副主任、北京市历史文化名城保护委员会办公室常务副主任、北京城市规划学会理事长邱跃

理念和执着，我这个并非专门学习传统建筑保护的管理者，有特别深刻的体会。

在北京外城角楼的修复过程中，我有幸与时任北京市规划建设委员会副主任的邱跃先生“结缘”。当时也是由他指导我们的具体工作。他曾对这个项目有如下的评价：“北京外城东南角楼是北京市人民政府十分关切的重要古建修复项目。刘若梅会长及团队给我最大的感触就是‘认真’二字。当时为一丝不苟地还原角楼历史原貌，刘会长带领团队从研究‘砖性’开始，将历史图片放大数倍后，一行一行地研究城砖排

笔者在故宫博物院参与修缮工作

笔者于人民大会堂参加会议

笔者为衡山忠烈祠保护修缮项目多次赴衡山考察

笔者在西藏工作途中

列布局，最大限度地保留了古建筑珍贵的历史信息。他们认真严谨且专业的工作态度令人十分钦佩和信服，以这样的工作方式完成的设计方案怎能不让人放心？这样严格标准下的工程完成度无疑是精准与高超的。我认为，我们的古建设计、修缮的从业者，应该学习并发扬这种工作精神，同时，它对我们城市建设的工作也都应是一种启示。”

邱主任的评价，让我备受鼓励而继续努力，因为他知道并理解我们在项目设计上的追求。为什么我们受到全国各地的文保单位及管理单位的信任？北京兴中兴建筑设

笔者同专家考察箭扣长城（上图右起 付清远、汤羽扬、刘若梅、金磊）

计事务所及中兴文物建筑设计工程公司的保护修缮项目遍及二十几个省市，一是凭设计实力与认真精神，二是凭诚信与为人。

我们的企业在工作中和甲方建立了信任和友谊，这和管理者的为人处事、做项目的方式有着不可分割的关系。首先对文物保护工作的热衷和执着才是工作的第一动力。文物建筑的管理单位是百年或几十年才对文物修缮一次，我们应主动服务，做好一切辅助工作，对项目的承诺就是服务好并提供最高质量的设计方案。在工作中，公

69 岁的笔者与同事合影（摄于 2018 年 12 月 26 日北京鸟巢）

司员工慢慢培养了服务意识，爱上了这个专业，并做好这个专业。年轻的员工在于领导怎么培养怎么带动，刚刚走出校园的年轻人进入企业感到了温暖。我要求每个员工对人热忱、相互帮助，因为我的公司从创立之初就是由老专家、老技术人员手把手带着我们走过来的，是他们教会了一批年轻人，我们大家都要有薪火相传的精神，再去带动新员工。我把年轻的员工都当作自己的孩子，关心大家的生活。公司氛围如同一个大家庭，企业内部和谐有序，有事讨论协商，管理高度透明，所以大家在一起没有矛盾，就自然劲儿往一处使。

与人为善才能和睦团结。一个企业如果都是正能量，员工就会愿意上班，主动工作，只有这样的企业文化才能带动企业发展，使企业在社会与行业中赢得更高的公允度。

公司的项目遍及全国，老专家主动传承、带动年轻人是我们企业发

70 岁的笔者与同事合影（摄于 2019 年 12 月 23 日 北京聚德楼）

展的关键，老中青关系融洽，老专家无私地指导，年轻人更是主动学习，热情高涨。于是我们公司呈现了如此状态：员工流动性极小，大多数人工作踏实稳定，一干就是一二十年；安全稳定的工作氛围，祥和融洽的工作环境，员工待遇的不断提高，有专家大师的指导，有利于员工的进步提高，这都是员工安心工作的基础。通过自身的审视及专家领导们的评介，我的体会是，企业的稳定发展，在助力企业自身时，也助力了学会的工作，使学会发展拥有了基本保障。

历史是对过去的记忆，我的这些片段性的书写或许仅仅是感悟的“填空”或“补缀”，但我会从我的感恩中铭记那些永世不忘的人，因为这些历史的启迪会让我欣悦并不停息地再前行，无论是童年经历、家族情结，还是那些让我找到方向的励志图景。作为一介努力的平凡人，我会时刻想到每个人都行在正确且充满风险的路上，以真启美就会让人感悟到永远的希望。

篇二

经典作品

无论是新建筑还是遗产项目，它之所以成为经典，重在其塑造的空间形态与功能是有魅力的，是有温度的。从古至今，一个个醒目的建筑地标，因美感、因智慧、因价值、因历史在中华大地遍地开花。作为该书编撰者，我们十分熟悉这些在中外建筑史上熠熠生辉的项目，这是因为历史文脉与故事正叠加在这些作品中，无论是设计修复还是匠人营造，这些美好的建筑传达出构成城市叙事并辨识城市故事的特独符码。以刘若梅团队设计修复与营建的世界文化遗产、全国重点文物保护单位为例，其中有不少是万世一系的中国古建园林项目，其中有大量人文环境与自然环境巧妙结合的营造智慧，真可谓建筑形态、情态与生态融合的新境界。这也正是刘若梅团队的不少作品能成为迄今文博领域修复工程示范样板的理由。本篇共选录了 14 个作品，它们虽只是代表性案例，但正如展览空间是进行城市建设的重要载体一样，古建园林文化对城市魅力的营造，正从展览、展示、服务城市“活化”的生活步入传承与创新领域，刘若梅团队的作品会令业界与社会深深感悟到这一点，其项目成果口碑不凡。

以文物保护的情怀谋事业做贡献

刘若梅是一位有深厚家庭背景又一心一意为我国文物建筑保护做贡献的女士，在她70岁的时候，写出了这本小书。该书从她的家世到童年的生活，到她的成长，再到她在中国文物学会开创文物建筑保护事业，以及她与众多挚友的关系等诸多方面，讲述了她真实的经历和故事。她的故事是真实的，也是感人的，在某些方面也是值得作为史料留存的，特别是有关中国文物学会早期的经历和相关人员的部分，现在我们业内大多数人已经不了解了。

若梅有她欢乐的童年生活。天津有她记忆犹新的家和父辈，有启迪她一生的家庭影响。她的祖父、父辈都是实业报国的企业家，这是她热衷于国家文物建筑保护事业的根。

若梅是最早投身于20世纪70年代文物保护的工作者，1986年中国老年文物研究学会转为中国文物学会时，她组建的中国传统建筑园林研究会并入中国文物学会，成为中国文物学会麾下的骨干分支机构。若梅筹建了中国国际文化交流中心下属的中国文物建筑咨询公司，后在1990年改制为股份制企业，并将企业更名为中兴文物建筑咨询公司，并注册了北京兴中兴建筑设计事务所，它们也就自然成了中国文物学会和传统建筑园林委员会两个社团的经济支柱。当时，她作为企业的法人代表和文物学会的秘书长、传统建筑园林委员会的副会长兼秘书长，承担起了学会的多项工作，从组织开展学术活动到以学会名义为国家文物局分担文物保护工作，再到对学会老会长、老顾问、老专家的细心照顾，她都事无巨细。由于她的努力和同行的认可，北京中兴文物建筑设计工程公司和北京兴中兴建筑设计事务所成了国家文物局认可的北京首批具有甲级设计和施工资质的单位，两个企业三十多年来为学会的发展给予的巨大的支持。

箭扣长城验收（2019 年 11 月 10 日）

传统建筑园林委员会成立三十余年来，前后任职的三位会长都从内心认可若梅，认为她是一位真心实意的学会大管家和无话不谈的挚友小妹。她一直在履行三任会长定下的“分会不给学会添麻烦、不给地方添负担以及服务下属团体会员单位和会员”的规定。她一直在坚持办好由罗哲文先生题名的《传统建筑园林通讯》，并把它作为文物建筑维修保护工作的专业刊物。

她凭着坚定的文物保护守望之心，依靠公司同人的奋力拼搏，仰仗文物学会和同人的支持，使公司成了我国文物建筑保护和传承的杰出企业之一，业务遍及全国二十几个省市，从黑龙江的东宁要塞项目到长春的近现代建筑群，从北京的皇家建筑和园林到举世闻名的长城，再到西藏、内蒙古、青海、甘肃、宁夏等少数民族地区的宗教建筑维修项目，都留下了她的印迹。

随着文物建筑保护的工作量越来越繁重，她愈发感到专业人员业务水平提高的重要性和紧迫感。于是，她充分运用学会专家的人才资源和优势，凭着全身心奉献的想法，于 2017 年与现在中兴文物建筑装饰工程集团的董事长刘志华携手创办了“中兴文物建筑集团培训基地”。

若梅为人是业内公知的，她与老先生的交情更是被传为佳话。现今 98 岁的谢辰生先生，已故的罗哲文先生都把她当作自己的女儿看待。建筑大师张镈先生，她家的世交周治良先生、王世仁先生，敢讲真话的付连兴先生，文研院的杜仙洲、黄克忠、姜怀英等先生与她亦师亦友。同行的韩扬、王时伟、成大生、王效青、李永革、张克贵、尚国华等多位专家学者更是与她相互信任的好友。

三十多年来，若梅的工作体现了她对传统建筑文化保护的责任感，这也正像她在书中写的那样，尽职尽责地去做一个肩负社会责任的文物保护工作者、守护者、继承者和传播者，用自己柔弱的身躯、坚韧的风骨和对建筑遗产保护的传承之心，带领团队更多人，为遗产保护做出了更多的贡献。

若梅让我为她的小书写点什么，我只是粗略地讲一些她的真实经历。她的故事值得诉说于我们业内的同行，她已经 70 岁了，还在奋斗。

付清远

2020 年 2 月 22 日

付清远：国家文物局专家组专家，中国文化遗产研究院原总工程师，中国文物学会传统建筑园林委员会会长

如果没有延续了上下几千年的中国古建筑，中华文化将缺乏实证。
如果没有中国古建筑，大国匠心将无以立足。
如果没有中国古建筑，文化自信更无从谈起。
如果没有中国古建筑，大好河山将黯然失色。

——刘若梅

东岳庙

1992年中兴文物建筑工程公司从专业设计单位变更为古建施工单位，而将设计职能独立出来单独注册为北京兴中兴建筑设计事务所。1996年，熊克琨先生时任朝阳区建委主任，并负责朝阳门外大街改造工程。坐落于朝阳门外大街北侧的东岳庙受到改造工程影响，山门被拆除。作为朝阳区建委主任的熊克琨心里非常痛苦，他下决心要把东岳庙保护好。于是，由区政府、市政府协调，将在院内办公了30多年的机构迁出，筹集资金对东岳庙进行大修，委托北京兴中兴建筑设计事务所做修缮设计，由中兴文物建筑工程公司完成修缮施工。接到任务后，我向单老、罗老汇报，由学会专家组织了顾问组，付连兴作为总顾问，聘请了茹竞华、王仲杰、庞树义、孙永林等一批老专家、老工匠参与修缮工作。我从前期勘察测绘开始做起，在和专家技术人员一起工作的过程中，现场学习，老专家和技术人员的严谨态度，让我受益。他们对古建筑断代、定案工艺做法的一丝不苟，无数次的论

東嶽廟
东岳庙
北京民俗博物馆

神光普照

证探讨、相互请教，毫无保留的经验交流，让我切身感受到了专家们的做人风格、秉持的敬业精神以及对传统文化的尊重。付连兴先生在整个工程的做法定案方面广泛听取不同专业技术人员的意见，充分体现了他对文物建筑历史“原生态”的重视和他对工作的严谨。他们制定了确实可行的施工方案，对文物建筑进行原状修缮，最少地更换构件，最大限度地利用原构件进行加固。彩画是我国木构古建筑的重要组成部分，它伴随着木构建筑的发展而发展，代代袭传，至今已有两千余载的历史。彩画携带着多方面

的历史信息，是古代人民装饰生活环境的重要手段之一，也是中国建筑东方特色的表征。建筑彩画这种传统工艺的传承是古代建筑传承的一个方面，现存的油饰彩画的不同材料、工艺、纹饰图案能够体现不同历史时期的规制与制度。对它们进行深入研究，才能建立典型地区古代建筑彩画基本信息及历史序列。对彩画能保留的全部回贴、除尘，大量缺失的进行补绘，青年技术人员在专家指导下完成了修缮工作。

三十年后都不落后的文物保护修缮方案，把东岳庙修成了一个专家及文物部门都认可的样板工程。东岳庙是第四批全国重点文物保护单位，现为北京民俗博物馆，位于繁华的朝阳门外大街141号。东岳庙始建于元代延祐六年（1319年），寺庙由中路正院和东西两跨院3个部分组成，占地6万平方米，古建筑376间，主祀泰山神东岳大帝，是道教正一派在华北地区最大的宫观。历史上的东岳庙为国家祀典之所，民间祭祀活动则更为盛大，每逢春节、端午、中秋、重阳等传统节日，还会举办丰富多彩的民俗活动。

东岳庙是道教创始人张道陵的后裔张留孙筹资修建的。13世纪末期，张留孙被元朝皇帝封为玄教大宗师、正一教主。后来他决

定修建东岳庙，但工程刚开始他就去世了，于是工程就由他的弟子吴全节完成。工程从1319年开始修建，到1323年竣工，由皇帝赐名东岳仁圣宫，作为东岳大帝的道场。

东岳庙由正院、东院和西院3部分组成。清朝时，东岳庙第17代道士马官麟又扩建了东、西两院。现存的建筑基本上都是清朝的遗物。正院建筑主要有山门、牌楼门、岱宗宝殿、育德殿、后罩楼，另有广嗣殿、太子殿以及阜财殿。岱宗宝殿两边还有三茅真君祠堂、吴全节祠堂、张留孙祠堂、山府君祠堂、蒿里丈人祠堂等。再向后有娘娘殿、斗母殿、大仙爷殿、关帝殿、灶君殿、文昌帝君殿、喜神殿、灵官殿、真武殿等。

当年，我们进到东岳庙现场勘察时，看到的是汽车可以从大门口开到后罩楼，所有院落都被挖出的防空洞渣土填满，填到和月台一样高，七十二司都被安上门窗做成了办公室，建筑装修基本都被拆改。看到如此残状，我们下决心要将东岳庙修缮成历史原状。在清理渣土时，工人挖出大量石碑石刻，这些就是历史的见证和珍贵的记录。

东岳庙修缮完工后，我们将所有石碑立在七十二司前的院落里。其中赵孟頫的碑采取了保护措施，但其他的碑刻至今没有具体保护办法。

在朝阳门外大街改扩建时期拆掉的东岳庙山门石构件，由中兴文物建筑公司保存了二十多年，后交给民俗博物馆，在馆内进行展示，让后人记住永久的遗憾。石构件的保护是我们必须要做的重要保护工作之一。

1998年，土建修缮工程全部完成，单士元会长带领专家对东岳庙的修缮进行验收。单老说，东岳庙的修缮是近几十年来对文物建筑进行保护性修缮的最大规模项目，是文物保护修缮的样板工程，值得宣传推广。时任北京市文物局局长的单霁翔在考察东岳庙时说，东岳庙的修缮保护非常成功，值得推广。时任北京市委书记尉健行在考察东岳庙时也对东岳庙的保护表示肯定。中兴文物建筑工程公司取得了优异成绩，所有工程技术人员的水平大大提高，文物保护的理念也上升到前所未有的高度，全公司的人员增加了成就感，对今后的文物保护修缮

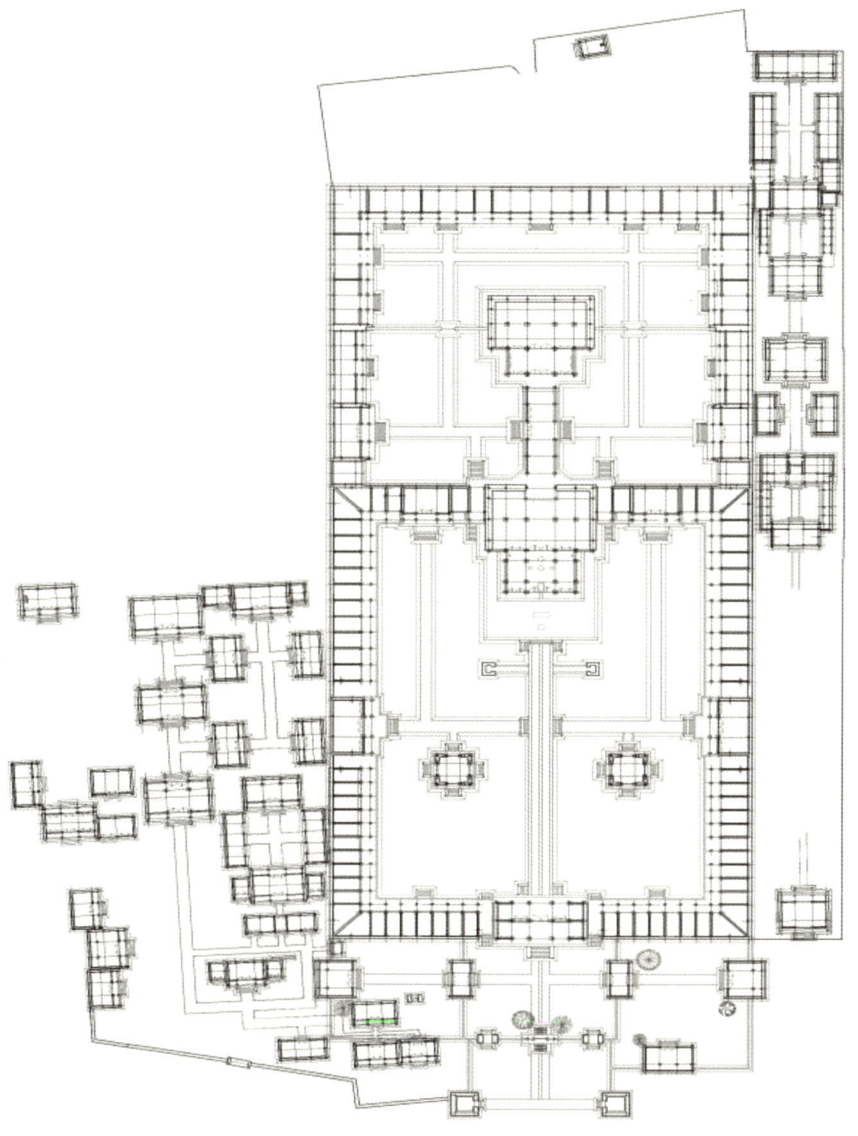

工作信心满满。

此后，国家出台了《中国文物古迹保护准则》，确立了“保护为主，抢救第一，合理利用，加强管理”的文物工作方针，形成了“真实性，完整性，不改变原状，最小干预”等文物建筑修缮的重要原则，形成了有中国特色的文物建筑维修保护理论。

紫禁城端门

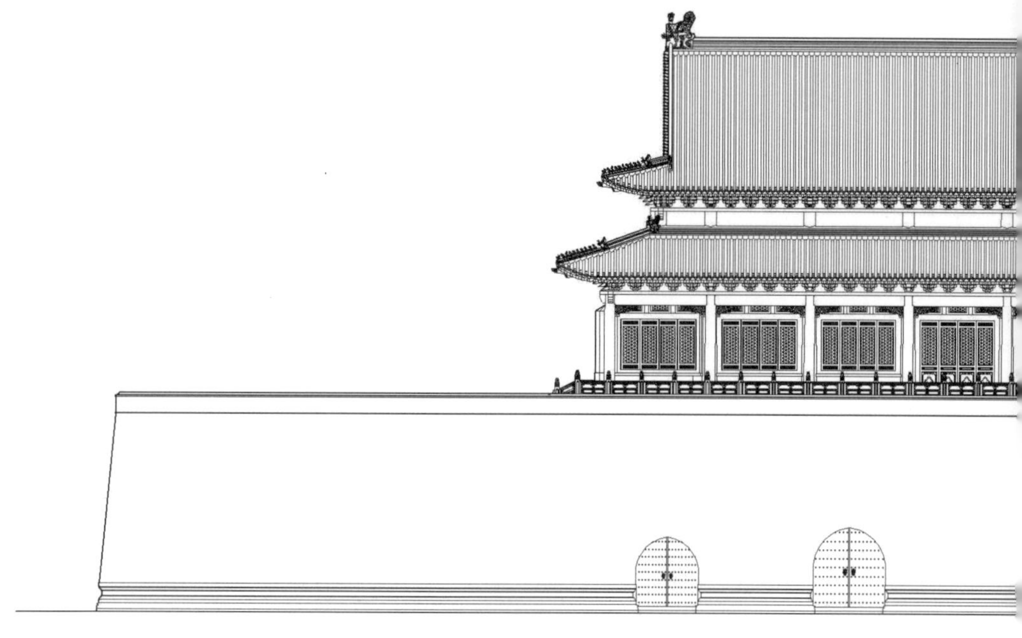

北京兴中兴建筑设计事务所自1997年进入故宫承担修缮设计项目至今已有二十多年。故宫中轴线建筑群的维修工程是在当代文物保护理念指导下展开的，把传统技术仍旧作为木结构文物建筑保护的主要手段，坚持保护传承传统技术，符合当代文物保护理念核心价值观——保护世界文化多样性。故宫维修工程在“不改变文物原状”的指导原则下，根据故宫的建筑特征和价值评估的结论，制定了“祛病延年”“保存原物”“最少干预”“同步进行使用设施配置”的策略和“实现故宫完整保护，再现庄严、肃穆、辉煌的盛世风貌，充分展示历史文化价值与内涵”的目标。承接故宫修缮和保护工作让我感到了身上的担子有多重，技术水准的要求有多高。

端门是故宫建筑的重要组成部分，始建于明永乐十八年（1420年），于清康熙六年（1667年）

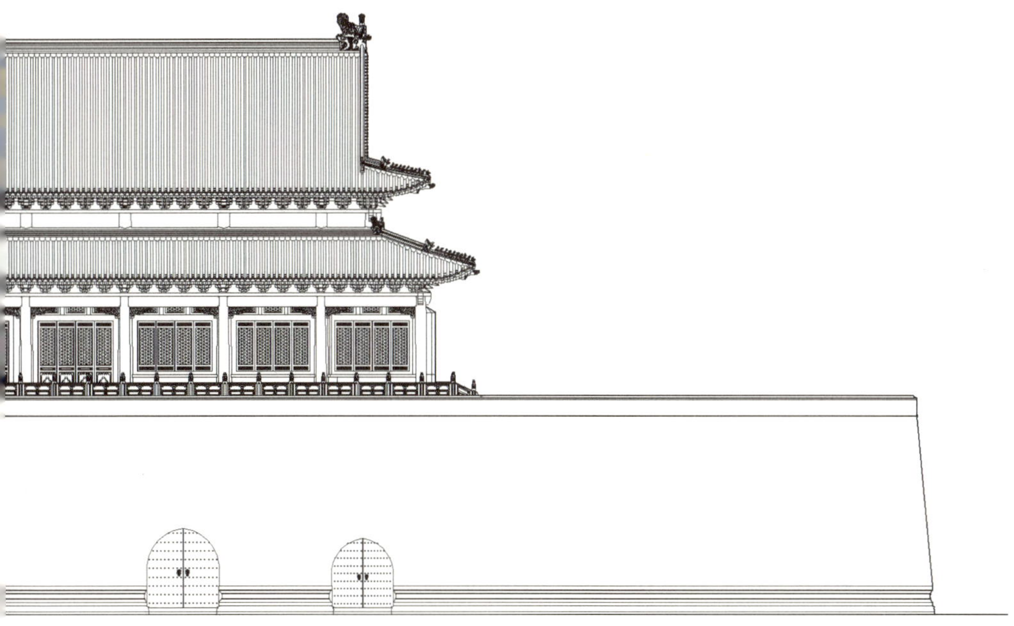

重建。端门由城台和城楼两部分组成。城台为矩形，下部有五个拱券式门洞，台基为石雕须弥座；台身用城砖砌筑，表面抹灰，涂饰红浆，顶部周围建有宇墙。城楼面阔九间，进深五间，前后出廊，黄琉璃瓦，为重檐歇山式建筑，外檐是1998年重新描绘的“龙草和玺”彩画，内檐为“宝珠吉祥草”彩画。端门以北，有东西朝房各五间，为前出廊布瓦顶硬山式建筑。朝房以北，其东为神厨门，系通向太庙之门，西为社左门，系通向社稷坛之门。两门以北有东西朝房各四十二间，皆为前出廊，连檐通脊布瓦顶硬山式建筑。又北，东侧为阙左门，西侧为阙右门，均为面阔五间，进深两间，黄琉璃瓦单檐歇山式建筑，此二门为午门前东西通行之门。历史上较重要的两次修缮发生在：乾隆二十七年(1762年)、光绪二十二年(1896

年）九月。新中国成立后曾对其进行过两次维修和两次油饰保养。端门城楼无论是规模结构还是艺术造型等都具有极高的文物价值。1987年，包括端门在内的故宫被联合国教科文组织列入世界文化遗产名录。

端门这一组建筑由端门城楼及城台、神厨门、社左门、东朝房、西朝房、阙左门、阙右门组成，总建筑面积11517.8平方米。此次对端门的修缮解决了城台墙皮大面积空鼓、脱落的问题；马道、礓礤地面等酥碱、

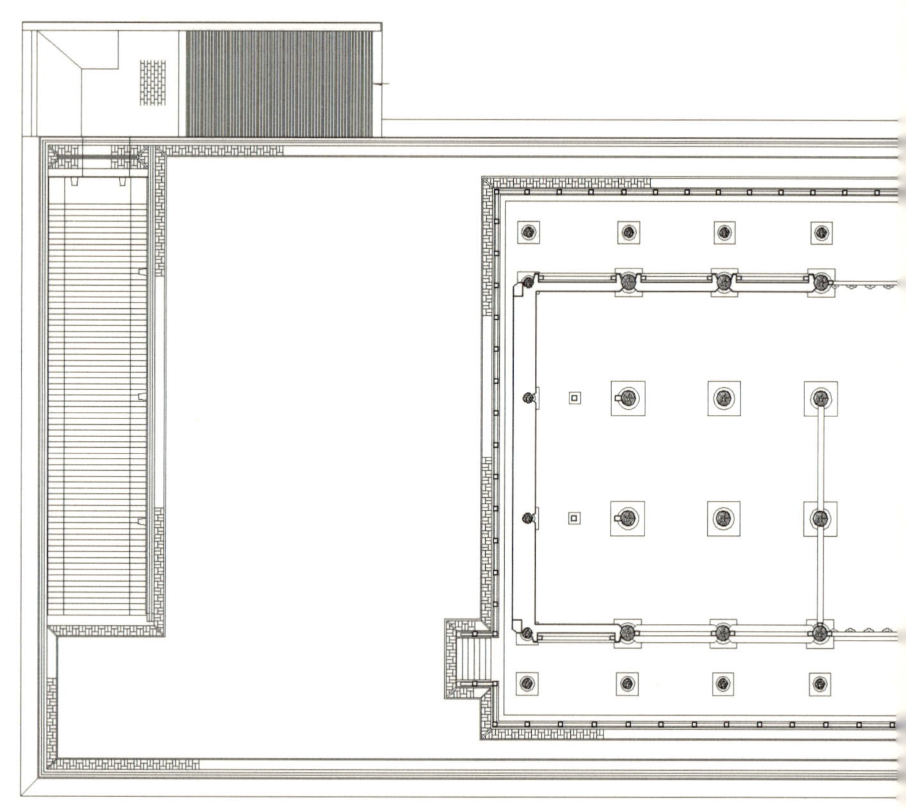

断裂的破损问题；城台地面渗水、漏雨、排水不畅的问题。结构加固、屋面挑顶更换的同时，还加固了木构件及木基层，大木构件重新油饰，重新设计了电气系统、消防报警系统、安保监控系统、暖通系统、避雷系统等，彻底排除安全隐患，完善了基础设施，保证了端门展览展示功能的发挥。

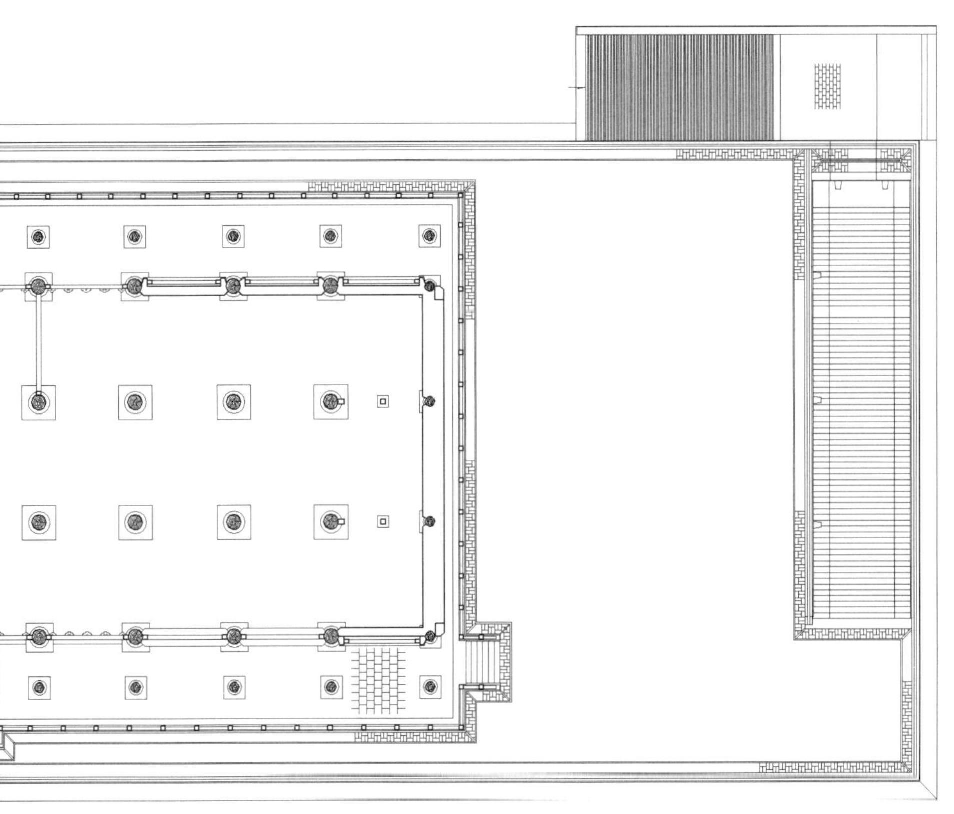

○ 故宫午门雁翅楼

故宫博物院旧称紫禁城，是明清两代皇宫，始建于明永乐四年（1406 年），建成于永乐十八年（1420 年），有 600 年的历史，是中国现存最大最完整的古建筑群。1961 年，经国务院批准，故宫被定为第一批全国重点文物保护单位；1987 年被联合国教科文组织列入世界文化遗产名录。兴中兴建筑设计事务所自 2003 年起承接了故宫三所殿文物保护修缮设计——故宫戏衣库文物保护修缮设计、故宫永和宫文物保护修缮设计、故宫慈宁宫文物保护修缮设计。三处文物建筑全部竣工验收并获全国十佳文物保护工程设计奖。2012 年，又承接了故宫午门雁翅楼文物保护修缮设计，已竣工验收。2016—2018 年承接了故宫博物院城墙（西南端）及西段城墙修缮工程设计，目前已完成修缮设计工作。

作为一组城台式建筑，午门由正楼、明廊、雁翅楼、角亭组成，是紫禁城的正门。东西两侧的城台向南延伸，环抱着门前的广场。居中的正楼面阔九间，重檐黄琉璃瓦庑殿顶，左右各有一座面阔三间悬山顶的明廊，东西城台上各有庑房十三间，与南北两端的重檐攒尖角亭相

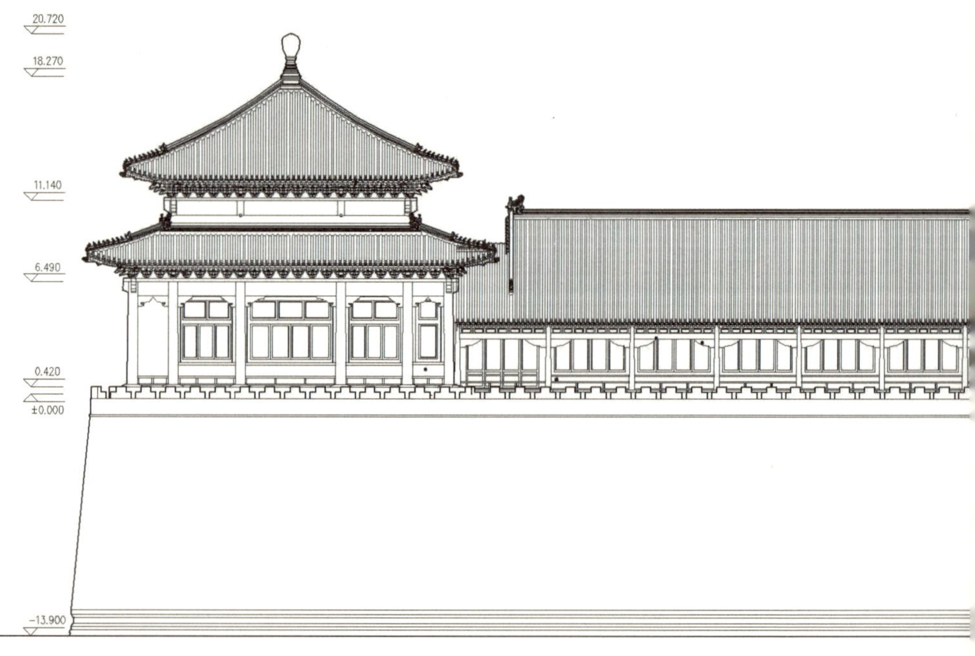

连，形成雁翅状，故称雁翅楼。威严的午门，建筑高低错落，左右呼应，形若朱雀展翅，又如三峦环抱，五峰突起，气势雄伟，故又有“五凤楼”之称。

此次修缮范围包括东西雁翅楼，四座角亭以及城台墙、地面。其中雁翅楼面阔十三间，进深三间，带前后廊，为悬山黄琉璃瓦建筑，角亭为重檐攒尖带周围廊黄琉璃瓦建筑。建筑面积4563平方米。城台上部地面面积750平方米，垛口、宇墙460米。本次修缮应实现排除建筑安全隐患，解决屋面漏雨及城台防排水问题，修复各部残损，有序地展示不同时期的彩画形式。

在故宫迎来600周年之际，午门也承载了故宫推出的多台精彩的展览展示活动。

在对慈宁宫的修缮中，对其梁架的加固措施都充分体现了对文物修缮的基本理念，最大限度地使用原材料，尽量不添换新材料，排除险情，使之得到安全延年的效果。

永和宫、戏衣库、三所殿、西六宫以及城墙的修缮，都提高了修缮保护性研究的高度，在修缮的过程中体现出我们对文物保护的理念和理论研究成果。

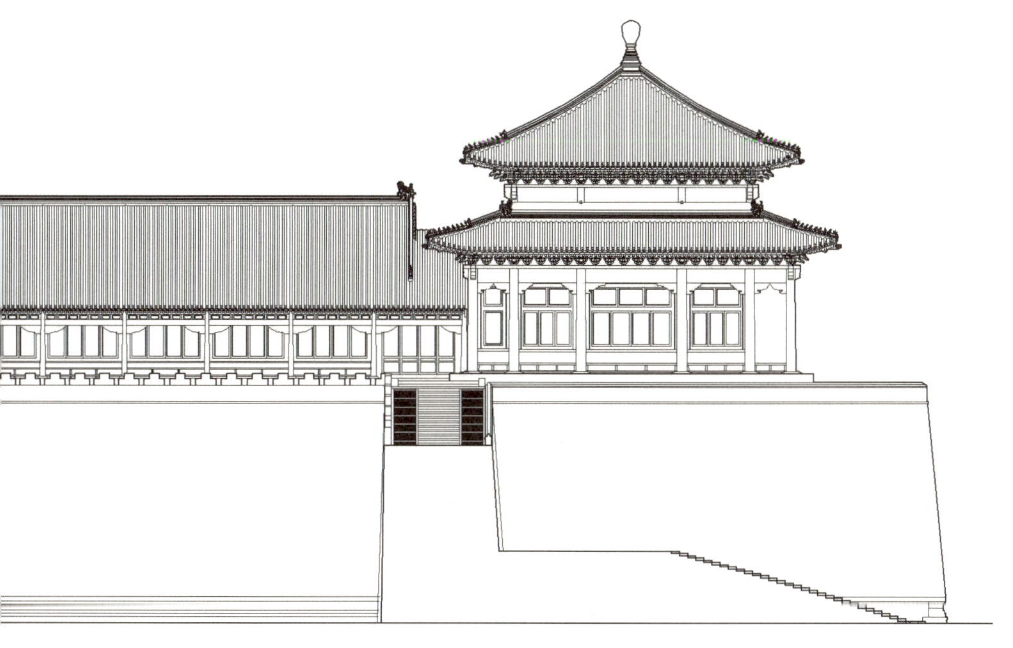

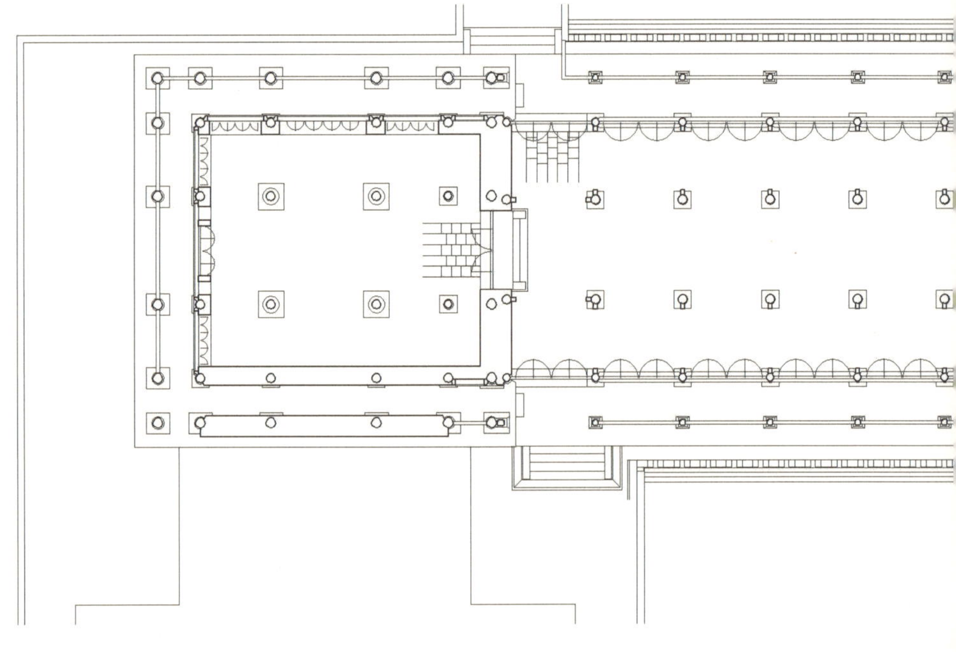

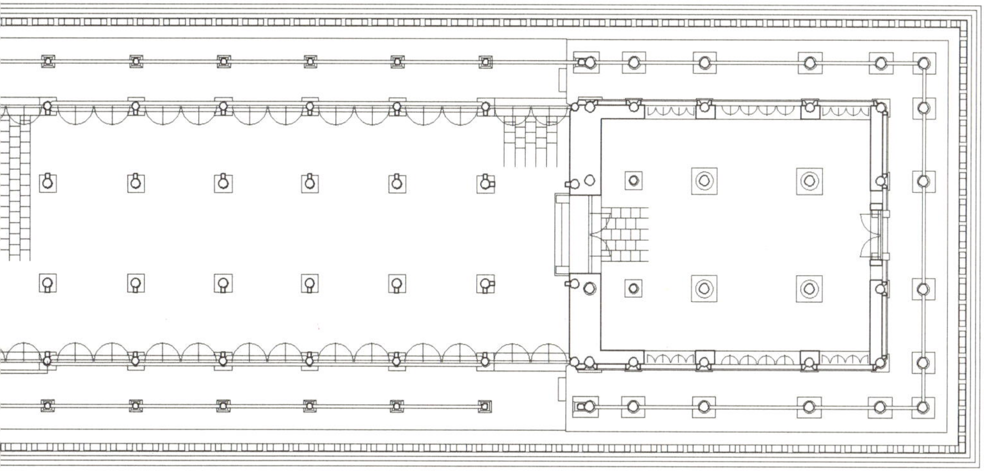

○慈宁宫及南大库

雕塑館

慈宁宫位于乾清门外，隆宗门以西，故宫外西路中部，为紫禁城内廷部分，是太皇太后、皇太后尊养东朝之地。慈宁宫是“清袭明旧”在明代仁寿宫故址上于清顺治十年（1653年）改建修缮而成的，孝庄皇太后成了它在清代的第一位主人。

慈宁宫为两进院落，平面布局为“曰”形，正中者慈宁门，门内左出者为徽音左门，右出者为徽音右门。院内正中者曰慈宁宫，后为大佛堂，周围转角为庑房，大殿两侧亦为垂花门及卡子墙，将慈宁宫分为前后两院。慈宁宫共有殿宇11座：慈宁门、徽音左门、徽音右门、慈宁宫、大佛堂、四面庑房及东西垂花门。其中除东、西庑房为硬山建筑，东、西垂花门为悬山建筑外，其余建筑均为歇山式建筑。建筑均为黄琉璃瓦屋面。院内地面均为细墁方砖及柳叶地面，慈宁宫前设有丹陛，月台上设有石栏杆，陈设四座。慈宁宫南北长98.635

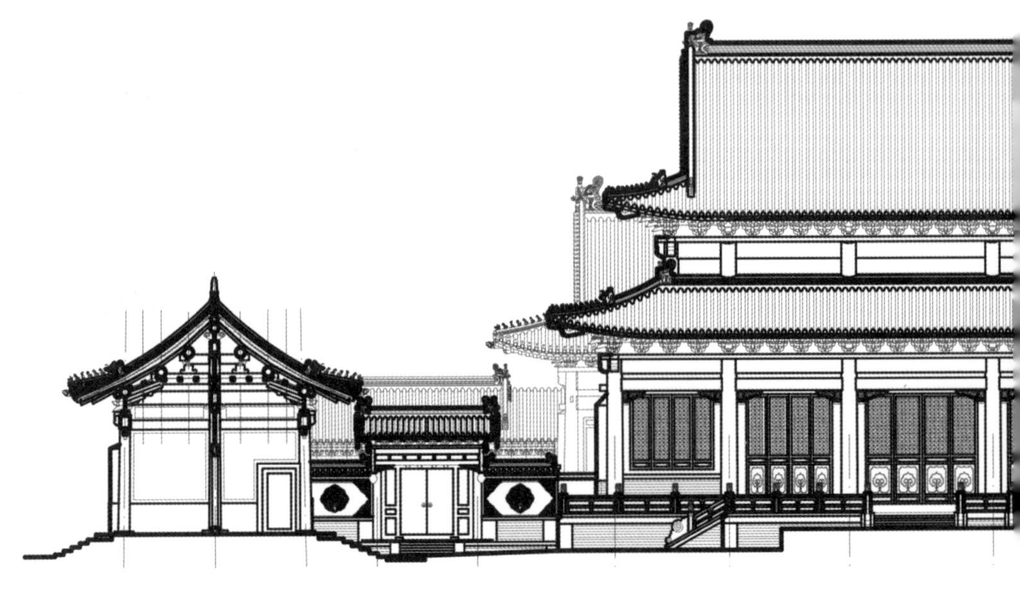

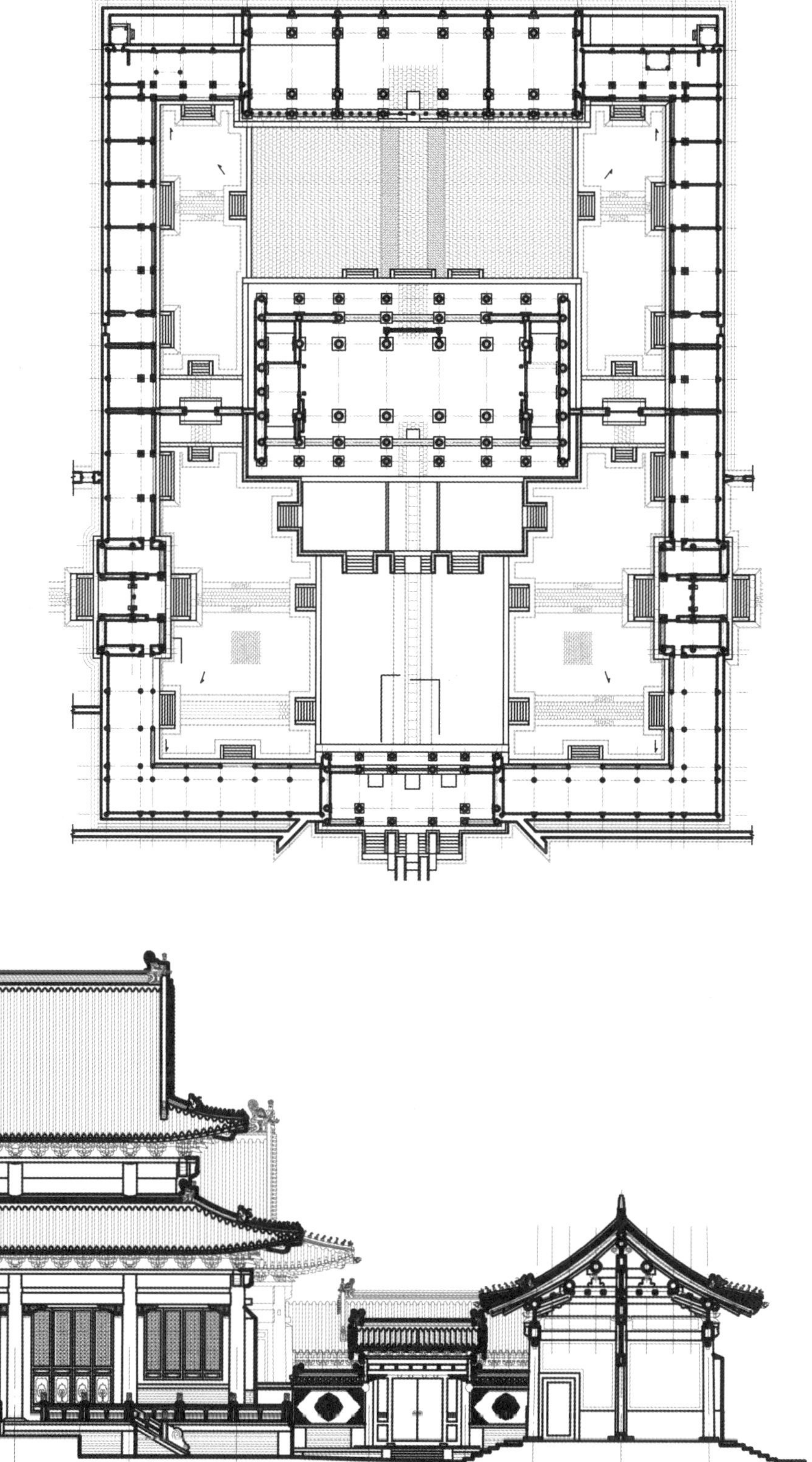

家具館

出口

入口

米，东西长78.56米，总建筑面积3972平方米。

慈宁宫的保护修缮工程为文物建筑保护一级工程。整体建筑结构相对稳定，局部梁架拔榫、构件糟朽、斗拱压缩变形，包镶构件开裂松散。屋面漏雨、木基层糟朽严重。地面砖碎裂不平，风化严重。石构件外闪下沉。墙体抹灰空鼓，砖块酥碱。慈宁宫修缮工程施工范围包括梁架加固整修、柱子墩接、椽望更换、木装修制安、屋面苫背瓦瓦、地面揭墁、石活制安、油饰彩画、琉璃构件保护等，按历史原状修缮，排除一切安全隐患。

南大库位于故宫西南角、西华门内，为原宫内大库房，储存宫中日用杂项。其中灯库作为原文物建筑保留至今，此次复建的建筑现作为“家具馆”，于2018年正式对外开发。

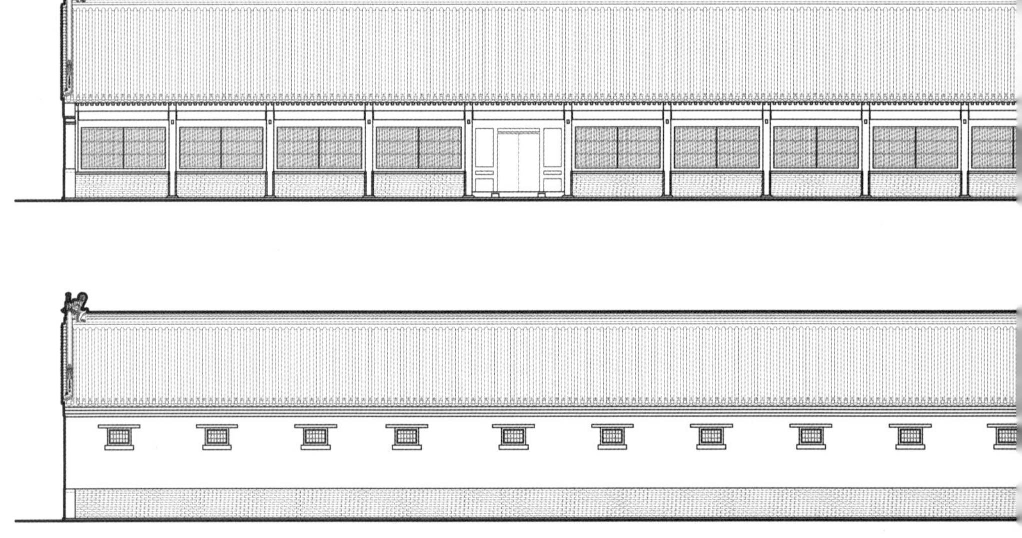

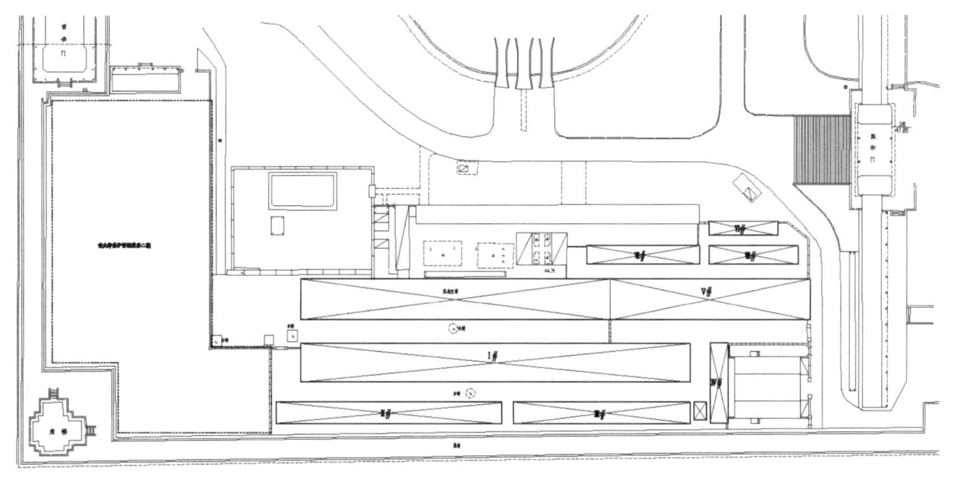

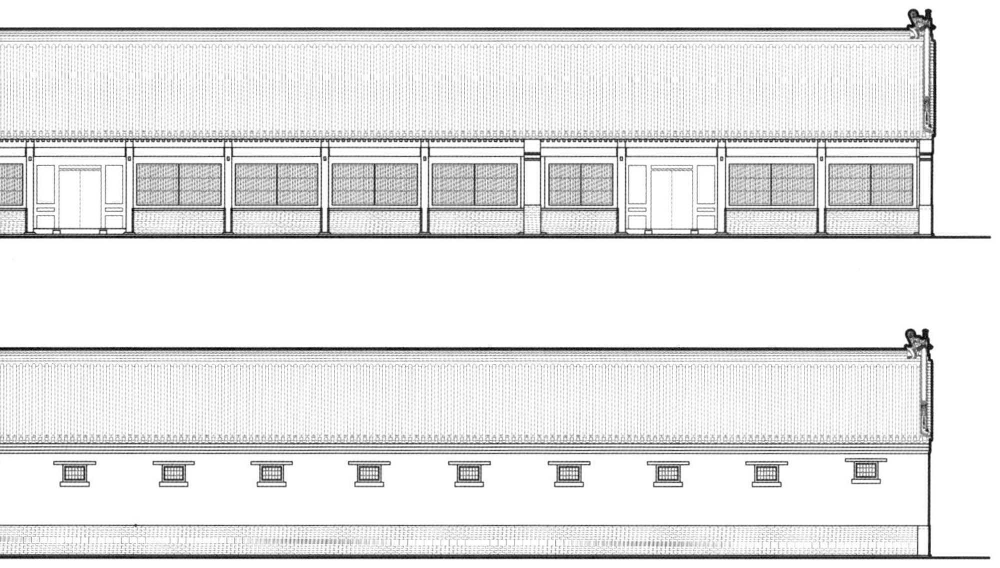

○ 戒台寺千佛阁

戒台寺（亦称戒坛寺）位于北京市门头沟区马鞍山麓，坐西向东，现为全国重点文物保护单位。戒台寺始建于唐武德五年（622 年），历代均有修葺增补，以明代修缮增补工程项目最多；现存建筑多为明清时期遗物。其中千佛阁建于辽咸雍年间（1065—1074 年），明嘉靖二十五年（1546 年）重建，清光绪三十一年（1905 年）大修，并留有碑记。由于受历史条件所限，千佛阁失修，致使基础下沉，梁架歪闪，屋面漏雨严重，杂草丛生，破乱不堪。根据以上情况，千佛阁无法确保其正常的使用功能，故 1965 年相关部门决定对其落架大修。1965 年落架后不久，即开始“文化大革命”，修建计划无法实施，所拆卸下的各种构件全部遗失，至今查无下落。以文献资料、现存遗址及同时期建筑作为参考依据可以确定，在拆除前，大木梁架大部分为明代风格及做法，但屋面形式、外内檐彩画均为清代做法。由于明清两代建筑从外观上并无明显区别，故以现存同期建筑照片作为依据就显得更加可靠。复建后的

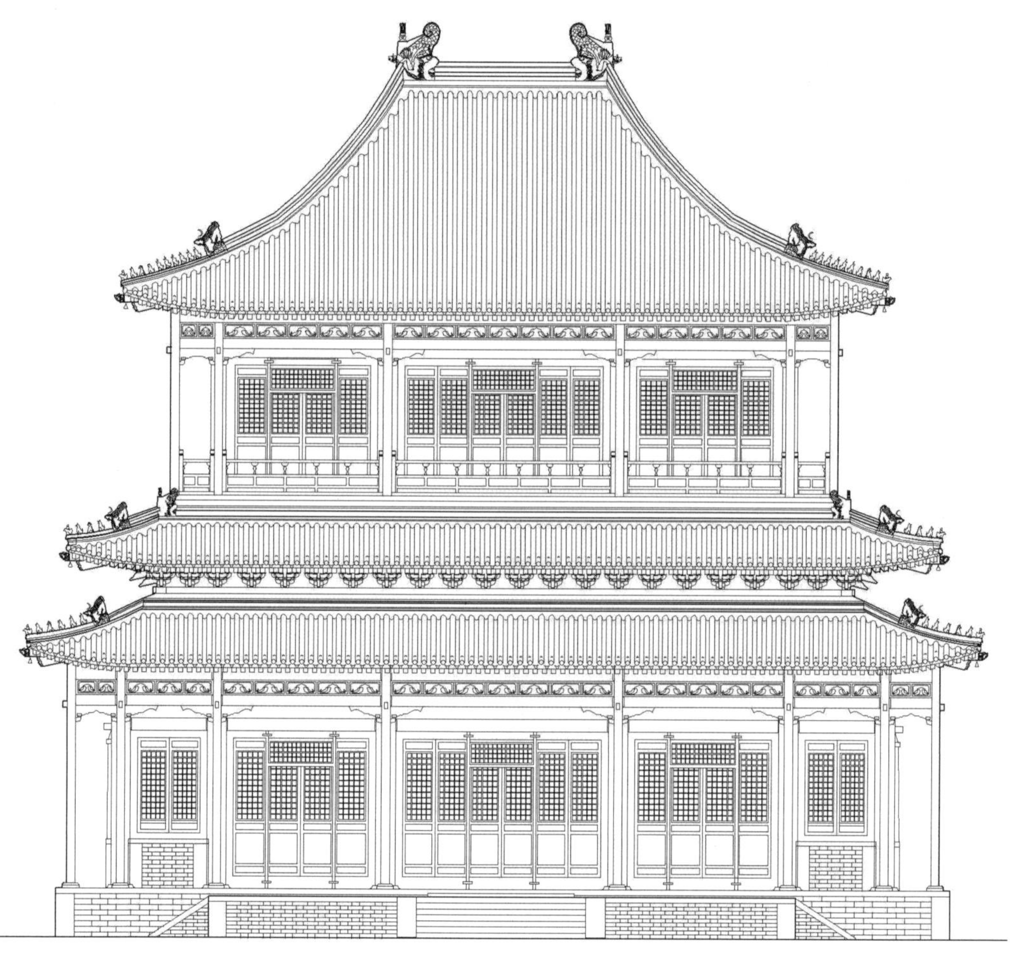

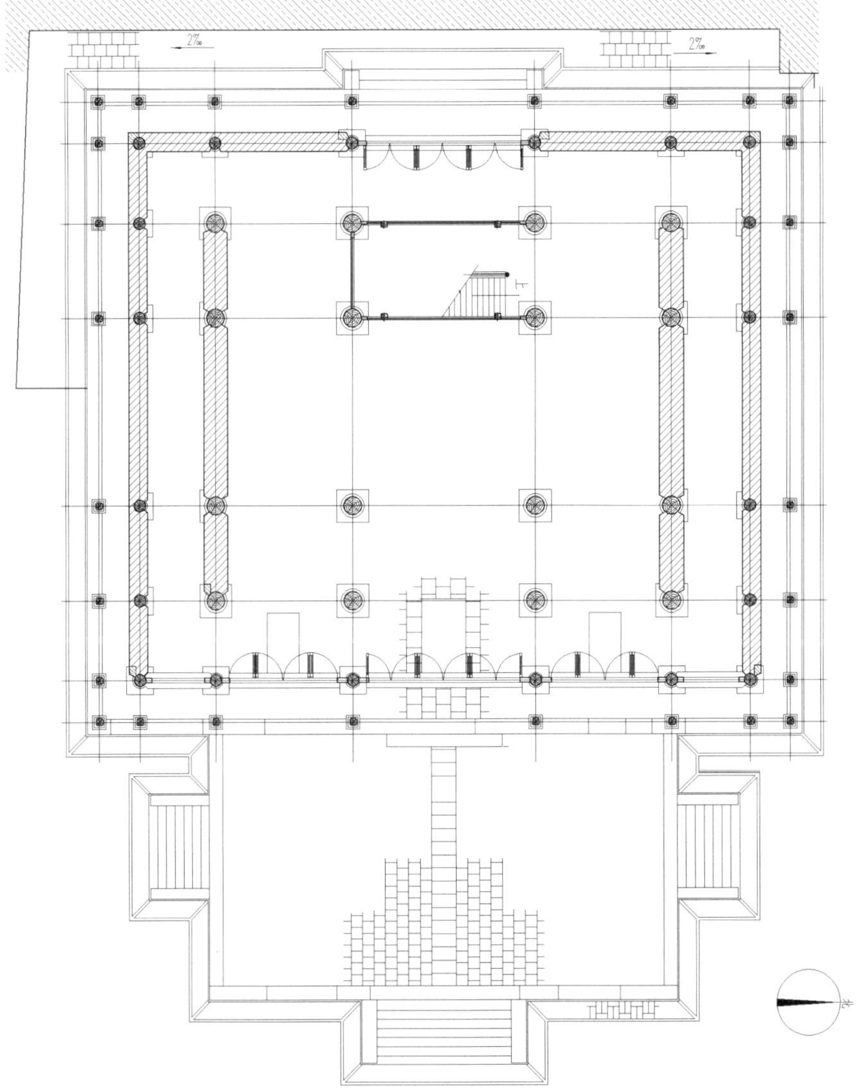
2‰
2‰
上
北

千佛阁为一座三滴水带平座的两层建筑，屋面为庑殿形，布瓦绿剪边（根据照片可以看出件活是琉璃），由于上下两层出檐较大，故采用挑头梁做法并形成上下两层围廊柱（擎檐柱）。外檐装修均以照片为依据，下层前檐明间、次间为六抹隔扇，梢间前檐为四抹槛窗，后檐明间为六抹隔扇，二层前檐明次间均为六抹隔扇，后檐明间为隔扇，次间为四抹槛窗，两山墙为木板墙。千佛阁的平面柱网是依现存遗址及1965年拆除前实测上下二层平面图而定的。按照普查记录概述并参见相关建筑形式，千佛阁下层外檐斗拱为镏金形式的落金做法，二层檐及平座均用童柱承托，内檐为五踩品字科及隔架斗拱，支撑上部的承重梁及压斗枋，室内吊顶为井字天花。上层檐为单翘单昂五踩斗拱，进深方向为挑尖接尾梁承托上

部梁架，山面采用桃尖顺梁及扒梁做法支撑转角部分的构件，上下两层高差约11.3米，楼梯设在明间后侧。外檐彩画应以同时期、同类性质的明代建筑为依据，绘制明代彩画。复建竣工时间为2015年。

戒台寺千佛阁的复建设计工作以兴中兴建筑设计事务所老一辈的古建专家为核心，同时挑选年轻的工程师组成设计团队。大家历经两年多完成复建设计工作，设计期间查阅了大量历史文献、搜集了历史老照片、调研走访了1958年文物普查和1965年参与拆除千佛阁工作的工作人员。复建设计力争做到最大限度地尊重历史、复原历史原貌。

千佛阁的复建使得戒台寺以更加完整的格局面对后人，弥补了曾经的遗憾。作为文物保护工作者，我们只有尽己所能地尊重历史，还原历史，方能不辜负自己的专业使命。

○ 塔尔寺

宗教建筑、民族建筑30年来也得到了有效维修和保护。为了有效地落实党的民族宗教政策，我们对寺庙的维修真实地按照地方传统工艺和传统材料进行施工，得到了国内外的好评。

塔尔寺位于青藏高原的青海省西宁市湟中区鲁沙尔镇南隅。塔尔寺因是藏传佛教格鲁派创始人宗喀巴诞生地而蜚声海内外。它是藏传佛教格鲁派六大丛林（甘丹寺、哲蚌寺、色拉寺、扎什伦布寺、拉卜楞寺、塔尔寺）之一，也是格鲁派宗教活动中心。哲蚌寺、色拉寺于20世纪90年代由兴中兴建筑设计事务所进行了保护性修缮设计。显宗、密宗、医明、时轮四大

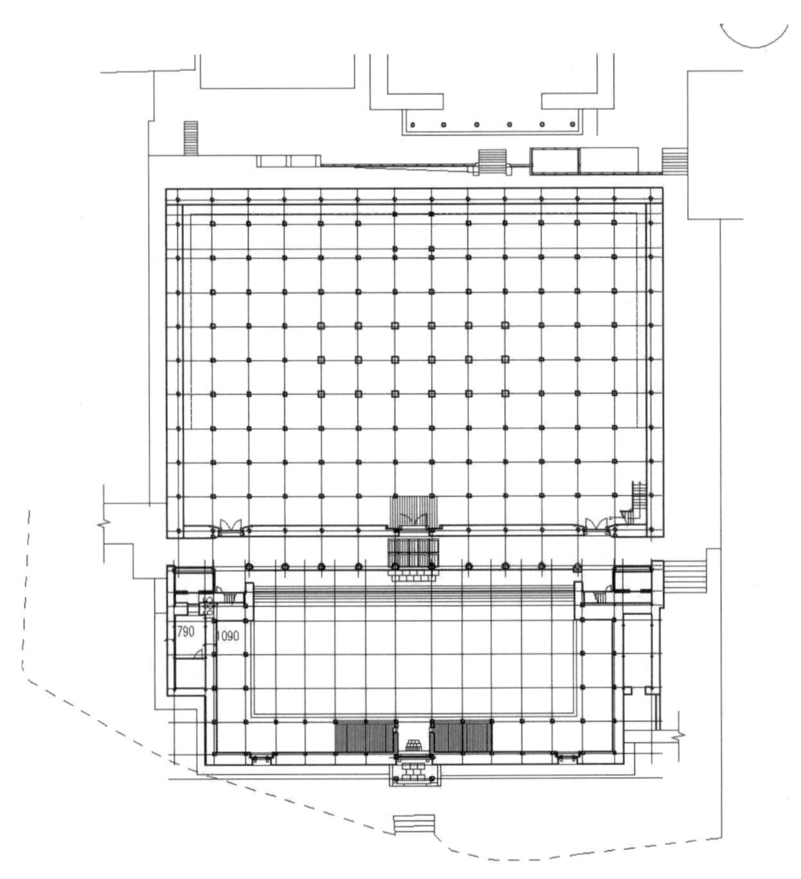

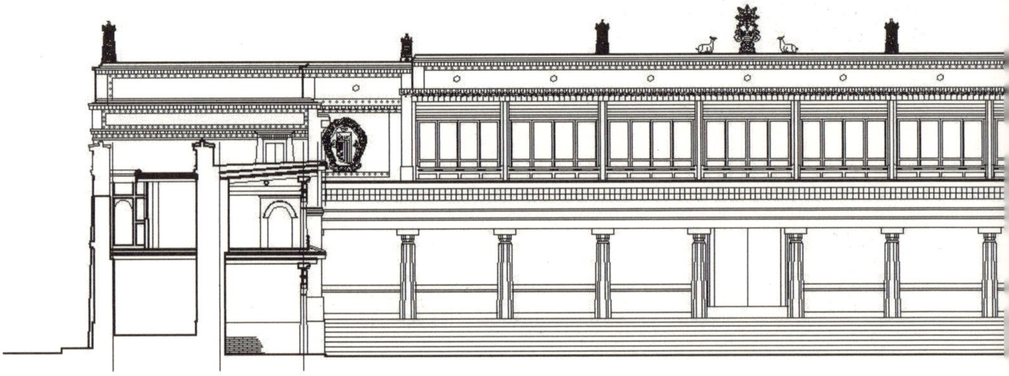

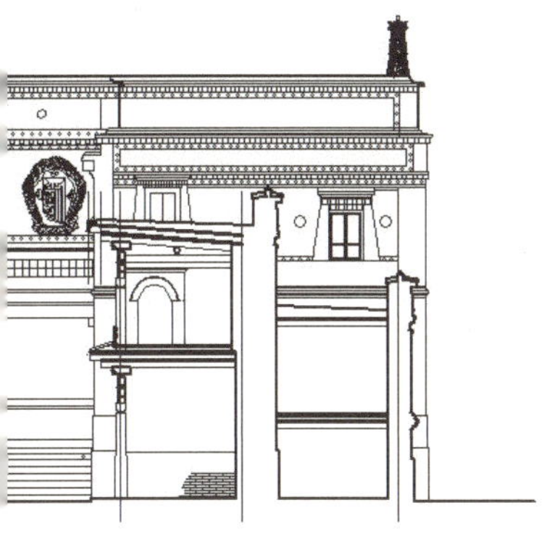

学院以及祈寿殿、大小金瓦殿、印经院、上下酥油花院、法台府邸、宝塔、活佛府邸等古建筑蔚为壮观。塔尔寺总占地面积 48.85 公顷；各类建筑 9300 余间（座），建筑面积 105489 多平方米，是我国 1961 年公布的第一批全国重点文物保护单位。

作为我国藏传佛教格鲁派六大寺院之一的塔尔寺，长期以来受到国家文物保护方面的高度重视，自 20 世纪 90 年代起国家已分期分批对塔尔寺部分主要殿堂进行了抢险维修。

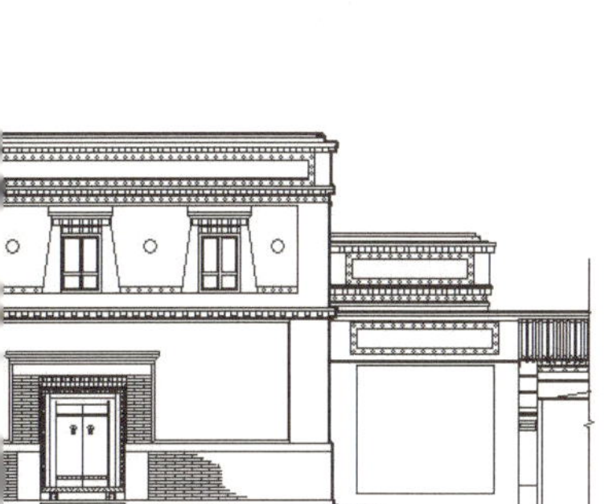

兴中兴建筑设计事务所自 2014 年起受塔尔寺管委会委托承接了保护修缮设计工作，负责尕前活佛院、时轮经院前廊、酥油花上院、医明学院附院四座活佛院的修缮设计，香萨活佛院、嘉雅活佛院两座活佛院古建筑修缮工程设计，时轮经院修缮工程设计，赛朵活佛院修缮工程

设计，大经堂修缮工程设计。其中，尕前活佛院、时轮经院前廊、酥油花上院、医明学院附院四座活佛院的修缮设计已竣工验收；香萨活佛院、嘉雅活佛院两座活佛院古建筑修缮工程及时轮经院正在进行施工；赛朵活佛院也将于2020年施工；大经堂修缮工程设计于2019年被列入国家文物局修缮计划。

尕前活佛院、时轮经院前廊、酥油花上院、医明学院附院四座院落，总建筑面积约2410平方米，占地面积约为2840平方米。在这四组院落中，尕前活佛院是塔尔寺目前保存历史信息极其完好的活佛院。院落平面布局完整，单体建筑形式、构造和材料仍为始建时期的原物，具有很高的历史保护价值。其他三组院落的大门、正房历史特征明显，破损较轻，单体平面布局完整，建筑形式、构造和材料仍为始建时期的原物。低等级附属用房因使用需求曾经多次改造，已不是历史原貌。在修缮设计中主要解决了屋面漏雨、大木构件糟朽、地面排水不畅等问题，排除了安全隐患。

时轮经院总占地面积约为1218.41平方米，总修缮建筑面积约1044.28平方米，修缮院前月台总面积约165.82平方米，修缮院落地面总面积约540.66平方米。此次为整个院落的建筑单体、院落地面、院前月台、挡土墙及护坡的修缮。院落的经堂、门廊历史特征明显，破损较轻，单体平面布局完整，建筑形式、构造和材料大部分仍为始建时期的原物。院前月台因使用需求曾经被多次改造，已不是历史原貌。修缮设计中对月台、挡土墙、护坡进行了结构加固处理，排除安全隐患，并着重解决了屋面漏雨、院落排水不畅、木结构糟朽的问题。

在香萨活佛院、嘉雅活佛院两座院落的修缮设计中，香萨活佛院为整个院落的建筑单体、院落地面、挡土墙及护坡的修缮；嘉雅活佛院（部分院落修缮）为整个院落南部的9组附属单体建筑及南部局部院落地面、全部院落的院墙、挡土墙及护坡的修缮。本次修缮院落总占地面积约为4118.48平方米，总现存建筑面积1966.57平方米，修缮总建筑面积约1930.86平方米。

尕前活佛院建于1915年。活佛院作为活佛生活的居所，在1949年后未做过较大规模的修缮，建筑布局及建筑形式仍保持着原有样式。

时轮经院即“时轮具种慧明洲院”，是僧侣学习研究的机构。时轮学院始建于嘉庆二十二年（1817），几经扩建维修，始具今日之规模。时轮经院前廊建于1757年。

医明学院即“医明利他兴盛宝洲”，是塔尔寺四大扎仓之一。为寺僧奉诵佛经和学习研究藏医药知识的学府机构。最初的医明学院经堂于1711年创建，经过多次修葺扩建始具今日之规模。医明学院经堂为双层藏式平顶建筑，占地面积1560平方米，医明学院附院建于1815年。

香萨活佛院始建于1816年。建筑布局及建筑形式仍保持着原有样式。现存建筑院落总占地1609.48平方米，现存总建筑面积1152.97平方米。

对于如此大规模的藏式建筑的保护与维修是常年的。由于建筑历史悠久，年久失修，我们对其维修与保护的理念就是帮助其延年益寿，最大限度地保持历史原貌。

瞿昙寺

瞿昙寺位于青海省海东市乐都区城南 20 千米的瞿昙镇新联村。瞿昙寺始建于明代洪武年间，是具有中原汉式风格的藏传佛教寺院。寺院占地 1.3 公顷，总建筑面积 6298 平方米。建筑分三进院落，中轴线上有五座大殿，依次为山门、金刚殿、瞿昙殿、宝光殿和隆国殿。两边对称有东西御碑亭、小钟鼓楼、大钟鼓楼、七十二间回廊及四座配殿、四座香趣塔。

瞿昙寺是青海省境内保存最完整的明代建筑群，具有极高的历史和艺术价值，是全国重点文物保护单位。明太祖朱元璋赐名“瞿昙寺”。1995—1998 年，完成寺院西侧排水工程，护法殿等壁画保护、打牮拨正，山门、东西御碑亭、小钟鼓楼、东西回廊、东西斜廊等修缮工程；二期工程主要内容为宝光殿修缮工程、前院地面修复工程；三期工程内容包括大钟楼及南北廊、西抄手廊、大鼓楼及南北廊、东抄手廊等主体建筑维修工程。

自 2015 年起，国家文物局拨付

专项资金对瞿昙寺回廊、瞿昙殿、瞿昙寺城墙、瞿昙寺活佛囊谦进行维修。

此次保护性修缮的原则是以排除建筑险情为首要目标，确保建筑结构安全稳定，有针对性地维修和尽可能少扰动相结合，保持建筑的真实性与完整性，尽最大可能保留和传递历史信息，局部维修价值与整体保存

价值评估相结合。其中瞿昙殿为瞿昙寺中年代最久远的单体建筑，在乾隆四十七年(1782年)重修后未进行过大规模维修，历史信息连续、完整，明清官式和甘青地方两种风格兼具，基本保留了原有建筑风格特点和工艺做法，建筑内涵丰富，具有极高的研究价值。本次维修主要是由于抱厦大木构件破损出现险情，所以要在排除建筑险情、确保结构安全的前提下，减少维修痕迹。在维修方法上，以现状整修为基本方法，严格控制维修范围，减少对建筑的扰动。在施工做法上，保持传统工艺，兼顾结合后期维修的整体特点，以加固修补现有构件为主要手段，减少新构件的使用，最大限度地保证瞿昙殿历史信息的真实完整。

链接·西藏色拉寺、哲蚌寺、日喀则宗山建筑群

○ 武汉大学图书馆

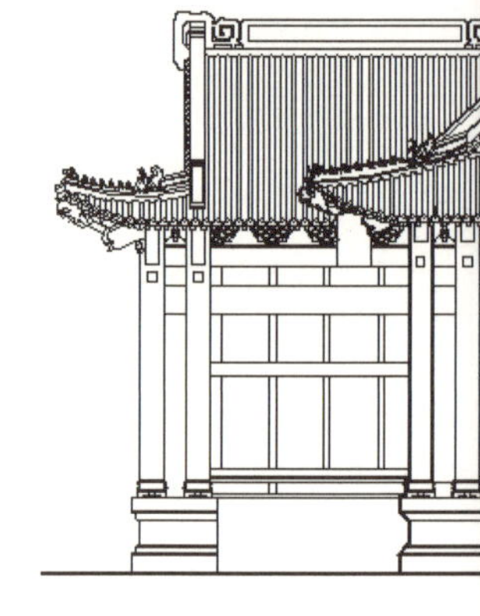

武汉大学前身为清末湖广总督张之洞创立的自强学堂，1928年更名为国立武汉大学。图书馆位于武汉市武昌区狮子山上，地位十分重要，不仅是武汉大学早期建筑中的标志性建筑，也是武汉大学的精神象征。图书馆建筑面积4767平方米，1933年10月开工建设，1935年9月竣工。以图书馆为代表的武汉大学早期建筑气势恢宏、布局精巧、中西合璧，是中国近代历史中唯一完整规划和统筹设计并在较短时间内完成的大学校园建筑，是全国最大的一组近代高校建筑群。由于具有独特而珍贵的历史价值、科学价值和艺术价值，2001年6月25日，武汉大学图书馆被国务院列为第五批全国重点文物保护单位。

图书馆坐北朝南，大楼整体外观为中国传统殿堂形式，中部塔楼为八角歇山式建筑，四周环有露天走廊，在其东、南、西、北四个角分别建有多层歇山顶

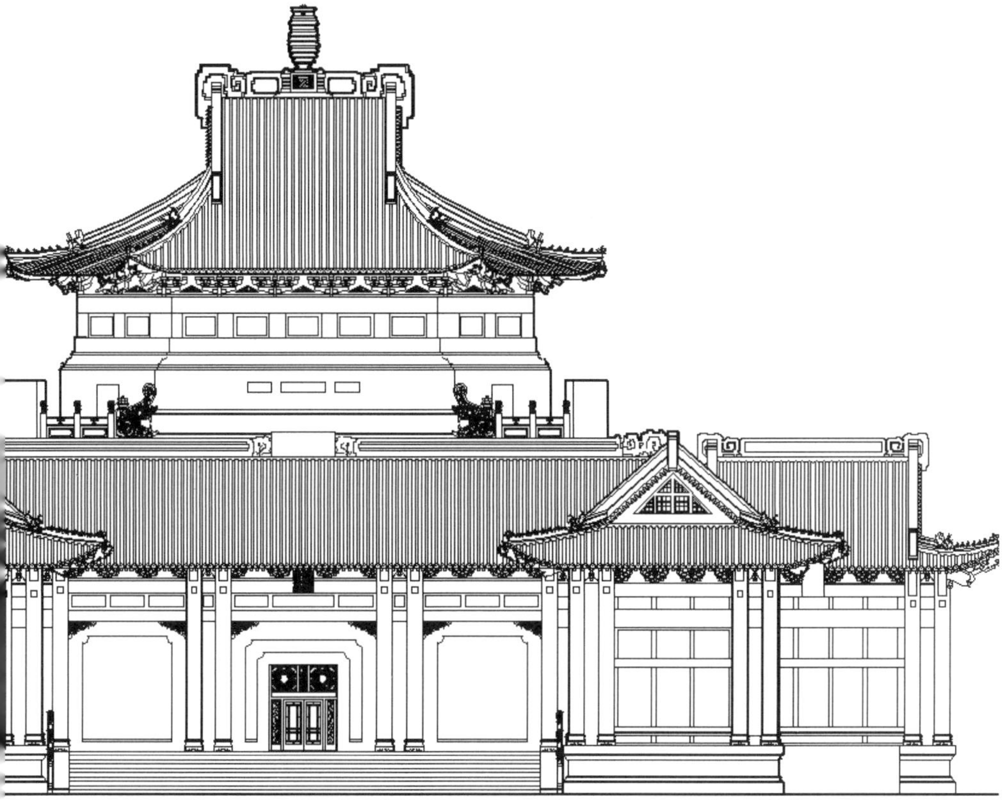

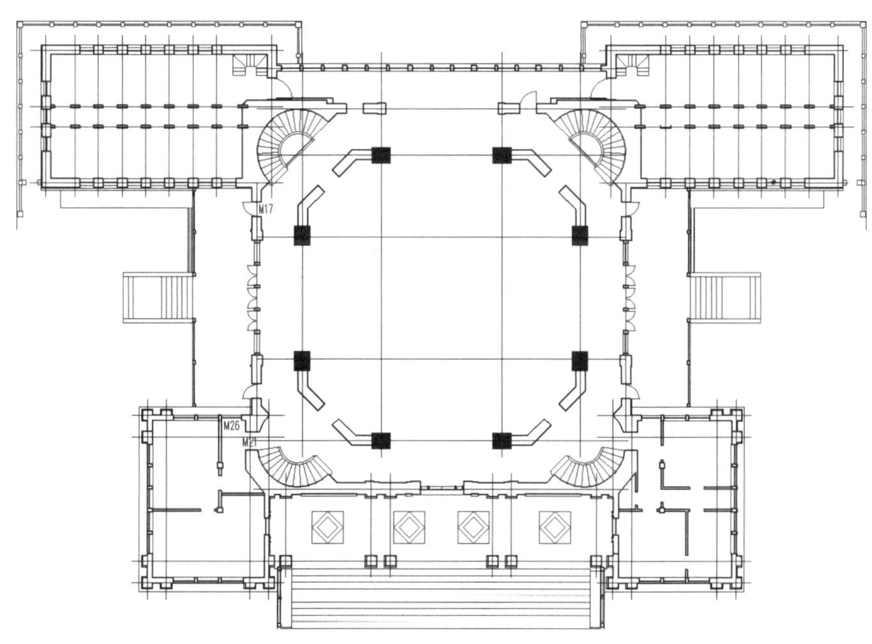
M17
M26
M21

建筑与主楼相连，不但衬托出主楼的高大、宏伟，同时也使整幢建筑更加稳重。图书馆平面呈工字形，分为三个功能区。中间主楼地上三层、地下一层，其中一层为阅览大厅，挑高9.5米，二层桁架夹层作为小型藏书库使用，顶层塔楼作为小型阅览室使用，地下一层被分割成不同功能的藏书、储物空间。北侧东、西两幢建筑均为书库，地上四层、地下三层。南侧东、西两幢建筑为办公室用房，地上三层、地下一层。原设计根据不同的功能需求，合理、充分、有效地利用空间，在整个建筑里面，有多达23个不同标高的地面，通过多部楼梯、台阶相连，既满足了阅读、藏书和办公服务的要求，也做到了有效的隔绝，为防范各种不安全情形提供了良好的条件。

武汉大学近现代建筑已被列入重要的建筑保护范围。由于建筑结构形式的不同，对其加固需要提出科学可行的设计方案，兴中兴建筑设计事务所不同专业的技术人员承担着各自的责任，共同目标就是让文物建筑能延长寿命，发挥更大的作用。此次修缮后，图书馆尽展风采。

○
敦煌莫高窟

敦煌莫高窟是中国现存规模最大的石窟寺遗址，是世界上历史延续最悠久、保存最完整的佛教艺术宝库，清晰地反映了佛教艺术中国化的历程，提供了佛教传入并在中国发展成为重要的宗教信仰的独特资料。

莫高窟是“丝绸之路”上最为重要的历史文化遗迹之一，是4—14世纪中西文化交流、融合的重要见证，对中原和东亚佛教艺术的普及和发展产生过重大影响，在中国乃至世界佛教传播发展史上均具有重要地位。

莫高窟属于国家重要的文化资源，是我国具有世界影响的、历史信息含量最丰富的重大文化遗产之一。莫高窟的遗存内容以窟型、壁画、彩塑、建筑为主，历史文化内涵涉及宗教、历史、民族、艺术、礼俗、服饰、建筑、工艺、文物、考古、地理、科技、文献、文学等诸多学科与门类，在我国历史文化遗产中具有突出的、重大的、丰富的历史价值、科学价值和艺术价值。

九层楼为莫高窟第96窟，窟檐建筑依山而建，建筑凝聚了自公元695年开始所发展出的建筑特征，展现着1000多年的民族、宗教文化元素。从选址位置上看，九层楼依靠高山，俯临整个岩体洞窟，视野开阔，是西北宗教石窟窟檐的通行做法。从窟檐总体布局上看，其依自然地形起于断崖坡脚，收于崖顶，庄严肃立，巧妙地构成与断崖相和谐的自然曲线；依山就势，开山取地，修筑坐西朝东布局的建筑楼阁，中轴线与窟内大佛轴线呈对称格局，利用低矮的单体建筑，构造空旷的九层楼参观空间，从严谨格局中透出该窟的的神圣庄严。这些手法充分利用中国古建筑的特点，依山就势形成独特的建筑理念，是九层楼建筑成为莫高窟标志性建筑的重要体现。

96窟窟前殿堂遗迹系莫高窟现存规模最大的遗迹，其建筑结构与其他窟前殿堂建筑遗迹有所不同，从不同角度和侧面反映了石窟文化产生时代的科学技术和生产力水平及当时社会的经济、文化状况。同时，为研究莫高窟的历史变迁，特别是96窟的原貌及维修重建的原因，提供了更为确切的依据。

洞窟主室地面上清理出来的柱

穴（孔）遗迹是进一步证实像96窟这样的大型洞窟如何开凿与修建的第一手宝贵材料。不同时期的遗迹地面充分说明九层楼这个标志性建筑在莫高窟中的重要地位，同时为研究不同时期的历史文化风貌及建筑特征提供了历史实物，具有很高的学术研究价值。

本次九层楼的抢险修缮，严格遵守不改变文物原状的原则，尽可能真实、完整地保存、恢复九层楼周围崖体历史原貌和建筑特色，视觉效果保持原有的砂砾岩历史风貌现状，局部由于结构、防渗措施的介入有变化的，尽可能少干预，并使之与周围环境协调。针对以上病害，我们主要从三个方面实施保护措施，即九层楼窟檐建筑修缮、崖体顶面周围崖体的表面径流整治和岩体入渗防治。该项目自2012年至2015年完成设计工作，2016年完成施工。此次九层楼的修缮是21世纪初莫高窟维修保护中的一次重要工程，被写入了历史修缮记录中。

○ 北京外城东南角楼

明嘉靖三十二年（1553年）修筑京师外城，原设计在内城外四周筑城，工程进行中因财力不济，改为只筑南墙，并缩短长度，由左安门向东延伸约300米，右安门向西延伸约870米，再北折与内城相接。南墙共长7854.2米。四角楼和城墙在次年同时建成。

清乾隆三十二年至三十六年（1767—1771年）大修外城，城楼、角楼也同时改建。原来角楼各面外墙均由城台外边起建，所以在东、南两面各有二层三列共六个箭窗，还在西、北二面凸出城墙部分各有两层一列两个箭窗，其形象在乾隆十五年《京师全图》中表示得很清楚。而近代照片则显示城台向西、北扩大，角楼的西、北两面不直接临城，因而取消了此两面的箭窗。木结构二百余年也必

有损坏，应该在扩大城台时重建过，近代照片上的角楼即是乾隆三十六年改建后的形象。

20 世纪初以来，外城各门、楼均有较大程度损坏。东南角楼在 30 年代倾圮，城台于 1951 年拆除，1956 年测绘的地形图中已无城台位置。城墙于 1957 年后拆除。

2009 年北京市政府经研究论证决定修复外城东南角楼并进行方案设计，在不改变现有道路宽度、不影响河道排洪及交通的前提下，我们根据遗址发掘报告及老地形图确定修复的外城东南角楼位于滨河路东南转角处。

修复参考的历史文献如下。

①清《日下旧闻考》，《光绪顺天府志》。

②（瑞士）喜仁龙《北京的城墙和城门》（英文、中译）；张先得《明清北京城垣和城门》；傅公钺《明代北京的城垣》（载《北京文物与考古》1983 年第一辑）。

③清乾隆十五年《京师全图》；侯仁之主编《北京历史地图集》1 ∶ 12500 外城东部图、1949 年北京城 1 ∶ 5000 地形图、1955—1960 年 1 ∶ 500 北京旧城地图集。

④20 世纪 20 年代历史老照片等。

现在外城角楼已成为北京东南城的一处靓丽景观，同时也发挥着服务百姓的城市功能。

链接·东便门角楼及明城墙保护修缮工程

○ 伪满皇宫博物院

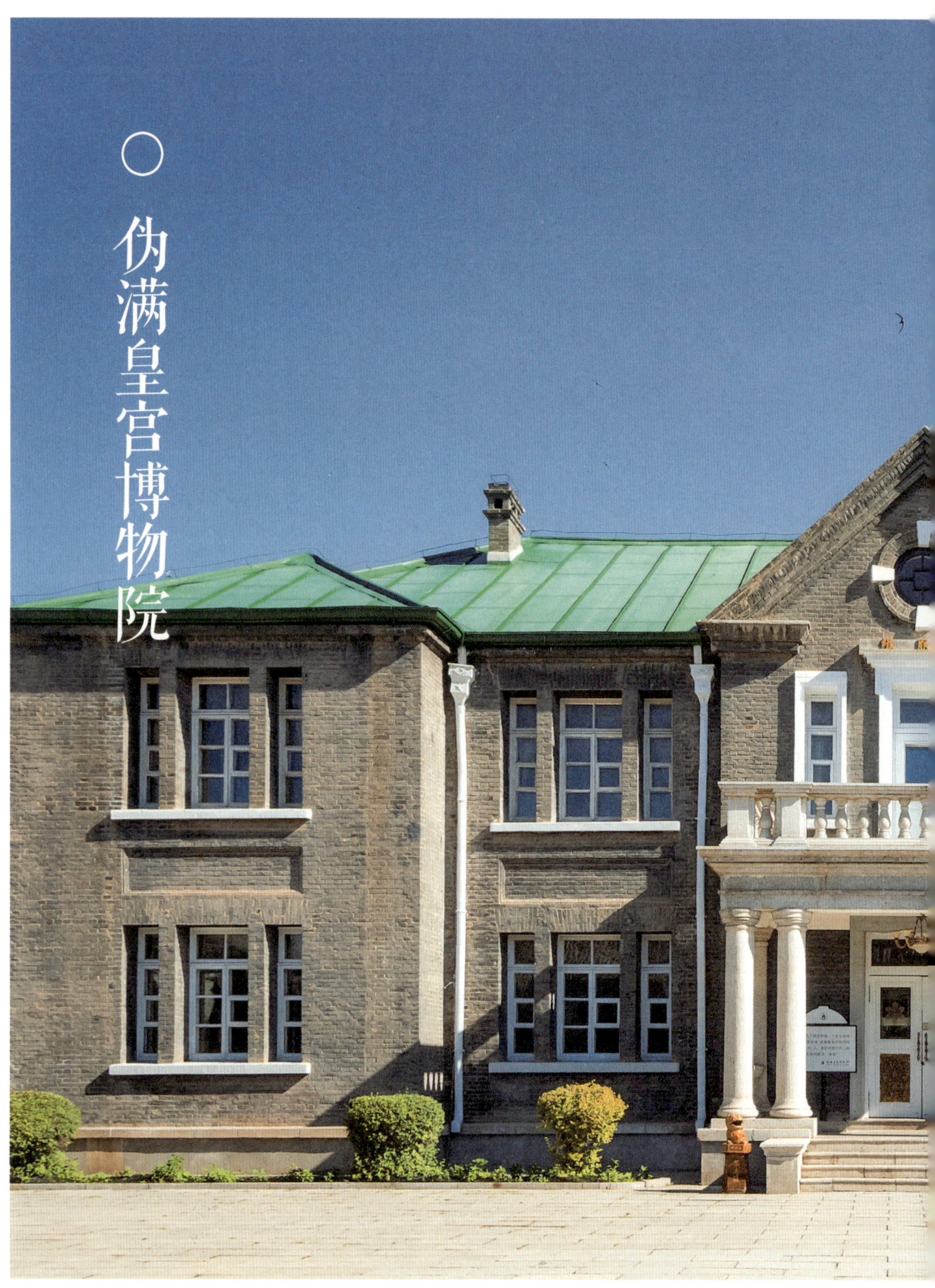

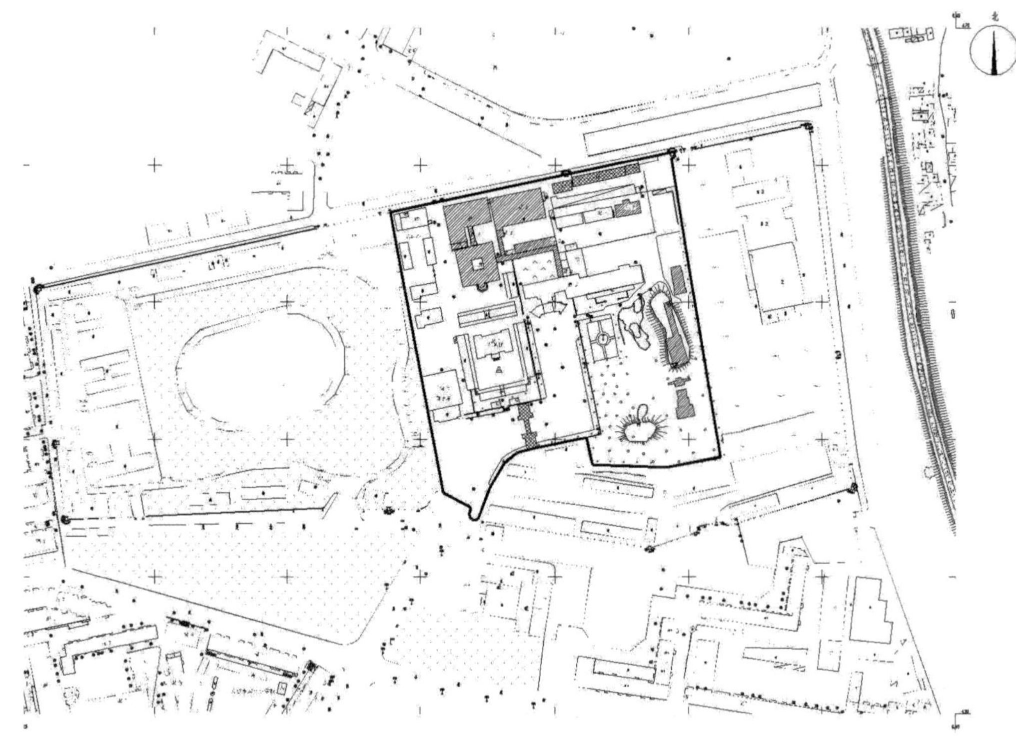

伪满皇宫建筑群形成于20世纪30年代前后，至1945年日本战败投降陆续建成。伪满皇宫博物院是利用伪满皇宫旧址建立起来的宫廷遗址型博物馆。这里曾是清朝末代皇帝爱新觉罗·溥仪充当伪满洲国傀儡皇帝时居住的宫殿。伪满皇宫博物院占地面积约20万平方米，展览面积4.7万余平方米，这里收藏着大量的文物、文献、历史图片等资料，是研究日本侵略东北史、伪满洲国史、伪满宫廷史等重要的、不可替代的实物和证据资料。同时，这一系列建筑成为研究20世纪亚洲建筑历史演变的难得的实物资料，可以将其看作中国近现代史的缩影，组成了不可复制的城市博物馆。2013年5月伪满皇宫及日伪军政机构旧址被国务院批准列入第七批全国重点文物保护单位名单。

本次修缮涉及伪满皇宫旧址核

心保护区内文物本体12处及局部院落地面，同时涉及文物本体的其他专业上水、下水、暖通、电气改造。文物本体修缮为勤民楼、怀远楼、怀远楼至同德殿长廊、书画楼、近卫军营房、面点间、防空洞（御用防空洞和天照大神防空洞）、锅炉房及地下室、游泳池、嘉乐殿、建国神庙遗址、同德门12个单

怀远楼

体及一处院落地面。本次修缮总占地面积约为47000平方米，总修缮建筑面积约7308.89平方米，院落面积3560.9平方米。重点修缮内容包括恢复文物古迹结构的稳定状态，修补损坏部分，添补主要的缺失部分等。项目将于2020年施工。

伪满皇宫前身为建于1911年的吉黑榷运局官署。吉黑榷运局官署是民国时期管理吉林、黑龙江两省盐务的机构。

1932年3月8日，吉黑榷运局

对其修缮，伪满洲国政府成立后，将这里的缉熙楼作为了溥仪的寝宫，勤民楼作为他的办公楼。

1936—1938 年，同德殿建成。

1938 年，东御花园初步落成。

1939 年，同德殿东南约 30 米处，修建防空地下室（御用防空洞），为钢筋混凝土结构。为增强防空地下室的防爆能力，在其上方加建了假山。

1940 年 2 月 9 日，建国神庙举行奠基仪式，5 月 28 日竣工。

1941 年，嘉乐殿落成，它是伪满皇宫举行大型宴会的场所。

1945 年 8 月 11 日，溥仪仓皇出逃。建国神庙被日本关东军纵火烧毁，仅余基石。

1945—1947 年，伪满皇宫被国民党所办松北联中占用。

1948年，继松北联中解散后，国民党六十军进入伪满皇宫，将其作为军营，内部受到严重破坏。

主要建筑勤民楼始建于1911年，为民国时期吉黑榷运局办公楼。1932年溥仪就任伪满洲国执政后以“勤民”二字命名此楼。2000年后，相关部门对伪满皇宫实施了全面的保护恢复，2005年完成了勤民楼局部复原及展陈工程，恢复了二楼外廊、举架高度及楼梯间面积。

怀远楼始建于1933年7月3日，1934年10月30日竣工。于1934年4月为满足溥仪称帝后“赐宴”的需求，又利用勤民楼与怀远楼西侧之间的空地，开始修建清晏堂。修建清晏堂时，将一楼东侧的车库和大食堂改造为办公室；2000 年进行室内装修。

伪满皇宫博物馆是近现代文物建筑中很特殊的一组，为木构砖石结构。

本次修缮为伪满皇宫博物院的一次保护性大修，在尽最大可能保持其原有完整历史信息的前提下，遵循不改变文物原状的修缮原则，力求对文物建筑的最少扰动。补配活动遵循原做法、原工艺、原材料。

○八面槽教堂及北京南堂、西堂

2012 年对八面槽教堂（现称王府井教堂，亦称为东堂）附属楼复建工程进行设计，建筑面积 4581 平方米。项目位于东城区王府井地区天主教东堂东侧。

付铁山大教主是一位爱国人士，他为人正直、慈善，得到教会及政府的尊重，也是我极好的一位朋友，有时间主教就会给我讲很多有趣的故事。他一生坎坷，但对国家、人民的爱没有变。他学问很高，平易近人，对人很有亲和力，想到他生前的音容笑貌，我心里还是无比酸楚，愿他在天堂一切安好。

2004 年对天主教爱国会南堂进行抢险修缮设计。南堂，是一座历史悠久的天主堂。明万历三十三年（1605 年），利玛窦神父曾于该处建起第一座经堂，但规模较小。后德国耶稣会士汤若望神父于1650年建造了北京城内的第一座大教堂。

南堂是中国天主教北京教区主教座堂。1664年，汤若望被弹劾下狱，该堂一度被毁，汤案平反后康熙又拨银重建，1775年遭火灾后又重建。1900年，教堂曾被义和团焚毁，1902年又重建。中华人民共和国成立后曾多次修葺。该教堂于1996年被列为全国重点文物保护单位。

2006年对西直门天主教堂改建工程进行设计。西直门天主堂又名圣母圣衣堂，俗称西堂，为北京四大天主堂之一，位于北京市西城区西直门内大街130号，是北京四大天主堂中历史最短、规模最小的一个，也是四大天主教堂中唯一一个不是由耶稣会士建立的教堂。

链接·采育教堂方案设计

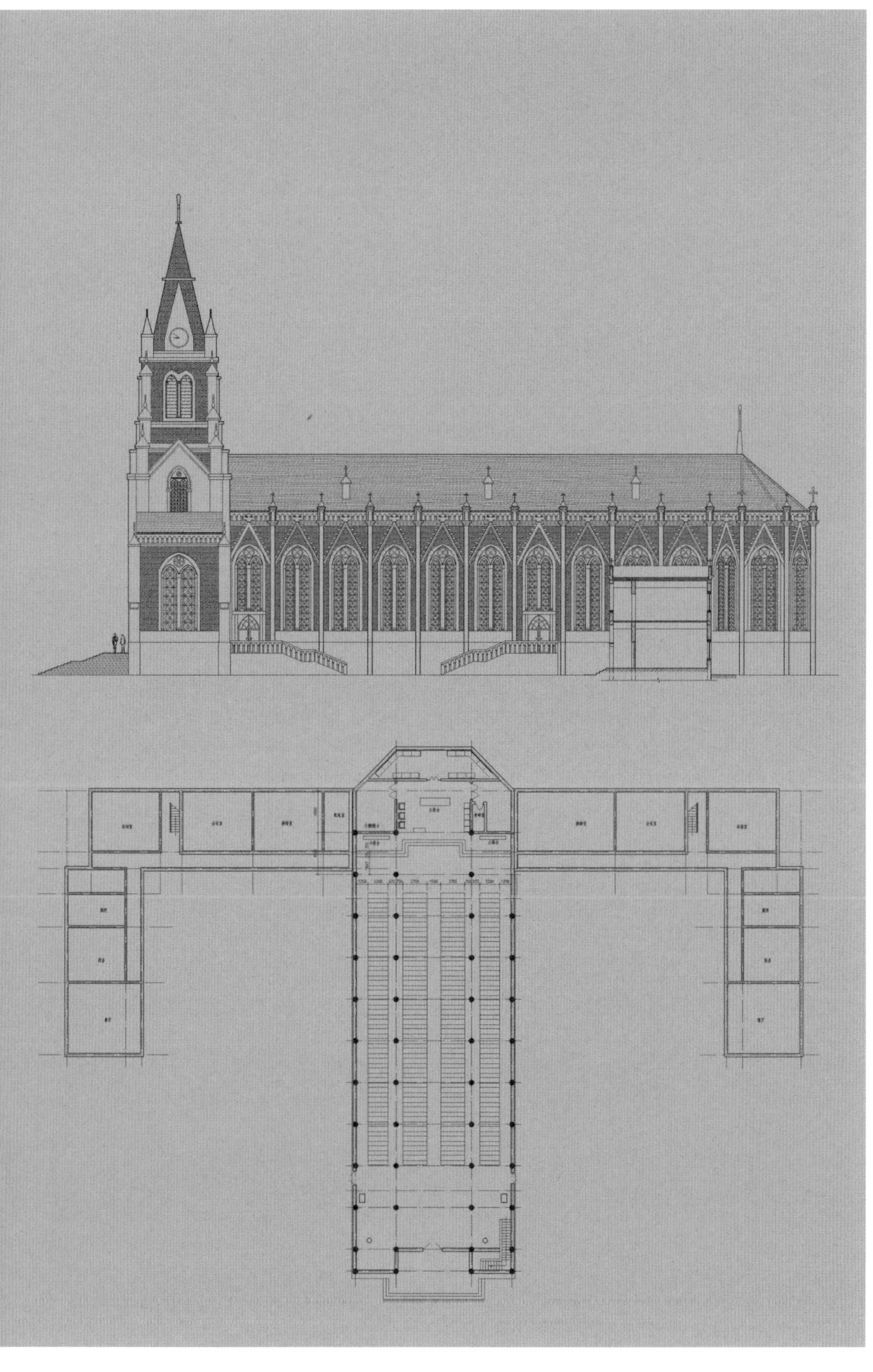

颐和园

自20世纪80年代末，我所开始承接颐和园的文物建筑保护设计工作。改革开放之前，颐和园的古建筑处于多年失修的状态，很多建筑破损严重。随着改革开放后经济发展越来越好，国家对这些世界文化遗产加大投入力度，对皇家园林的保护提上重要的议程。1991年，我们在对景明楼遗址进行考古勘察、资料调研以及残存构造的研究后，拿出复原方案。在方案论证时，我们请来了老专家罗哲文先生、杜仙洲先生、付连兴先生。通过严谨的论证，方案得以完善。1992年，景明楼复建完工。颐和园西堤景观恢复历史原貌，也为游人去西堤游览增加了一处景观内容。景明楼复建工程被北京市园林局评为优秀工程。

有了景明楼的经验，澹宁堂复原设计于1994年完成，1995年修建完成。

颐和园谐趣园修缮工程于2007—2008年完成修缮设计，

2009 年竣工验收，在北京市第十六届优秀工程设计评选中获评“历史文化名城保护建筑设计优秀奖”。

颐和园德和园修缮工程于 2009—2010 年完成修缮设计，2012 年 12 月竣工验收。

颐和园四大部洲修缮工程于 2010—2011 年完成修缮设计，2011 年 10 月竣工验收。

颐和园清晏舫修缮工程于 2011—2012 年完成修缮设计，2013 年 10 月竣工验收。

颐和园南湖岛修缮工程于 2012—2013 年完成修缮设计，2014 年 11 月竣工验收。

颐和园园墙修缮工程于 2012—2016 年先后完成五期修缮设

计，2017 年颐和园园墙修缮工作全部完成。

2014 年在 APEC 接待任务中完成**东宫门外方休息室**等 13 项修缮设计。

颐和园听鹂馆修缮工程于 2010—2014 年完成修缮设计。

2013—2016 年先后完成颐和园西堤柳桥、练桥、镜桥、豳风桥**四桥的修缮设计**。2017 年四桥的修缮工作全部完成。

颐和园知春亭修缮工程于 2013—2014 年完成修缮设计，2019 年竣工验收。

颐和园涵虚牌楼修缮工程于 2013—2016 年完成修缮设计，2017 年竣工验收。

颐和园福荫轩修缮工程于 2016—2017 年完成修缮设计，2019 年竣工验收。

颐和园须弥灵境建筑群遗址保护与修复工程于 2009—2015 年完成修缮设计，2019 年正施工程。

颐和园画中游建筑群修缮工程于 2013—2017 年完成修缮设计，2019 年正施工程。

颐和园辇库修缮工程于 2018 年完成修缮设计，2019 年正施工程。

颐和园须弥灵境建筑群遗址保护与修复工程主要包括三部分内容：第一部分为须弥灵境大殿遗址的保护；第二部分为东西配楼及东西牌楼的复建；第三部分为现有平台及牌楼等现存文物建筑现状整修及周边环境附属设施整治。

须弥灵境建筑群位于颐和园万寿山北麓。建筑群坐南朝北，为汉地佛寺建筑群风格，自北向南由慈福、梵天、旃林三座牌楼，宝华楼、法藏楼两座配楼以及须弥灵境大殿六座建筑组成，占地面积为 9410 平方米，建筑面积为 2816 平方米。该建筑群始建于乾隆十九年（1754 年），于咸丰十年（1860 年）被焚毁，木构件荡然无存。光绪十四年（1888 年），四大部洲主建筑香岩宗印之阁重建，须弥灵境及其他建筑均未复原。1980 年重建四大部洲。1981 年，重修须弥灵境基座，复建慈福牌楼，其他建筑大部分仅存遗址至今。2013 年方案设计完成，2015 年施工图设计完成。

在这近 30 年对颐和园的文物保护修缮设计中，我们对世界文化遗产的认知水平大幅度提高，

一批年轻技术人员积累了大量的经验，提高了设计水平，文物保护的理念和技术得以传承，文物保护工作后继有人。我作为所有项目的审定人和主持人，在这个时代有这个机会对颐和园的整体保护尽一份力量是幸运的，同时也起到了传承历史文化的作用。

文物保护工作是一门综合门类，

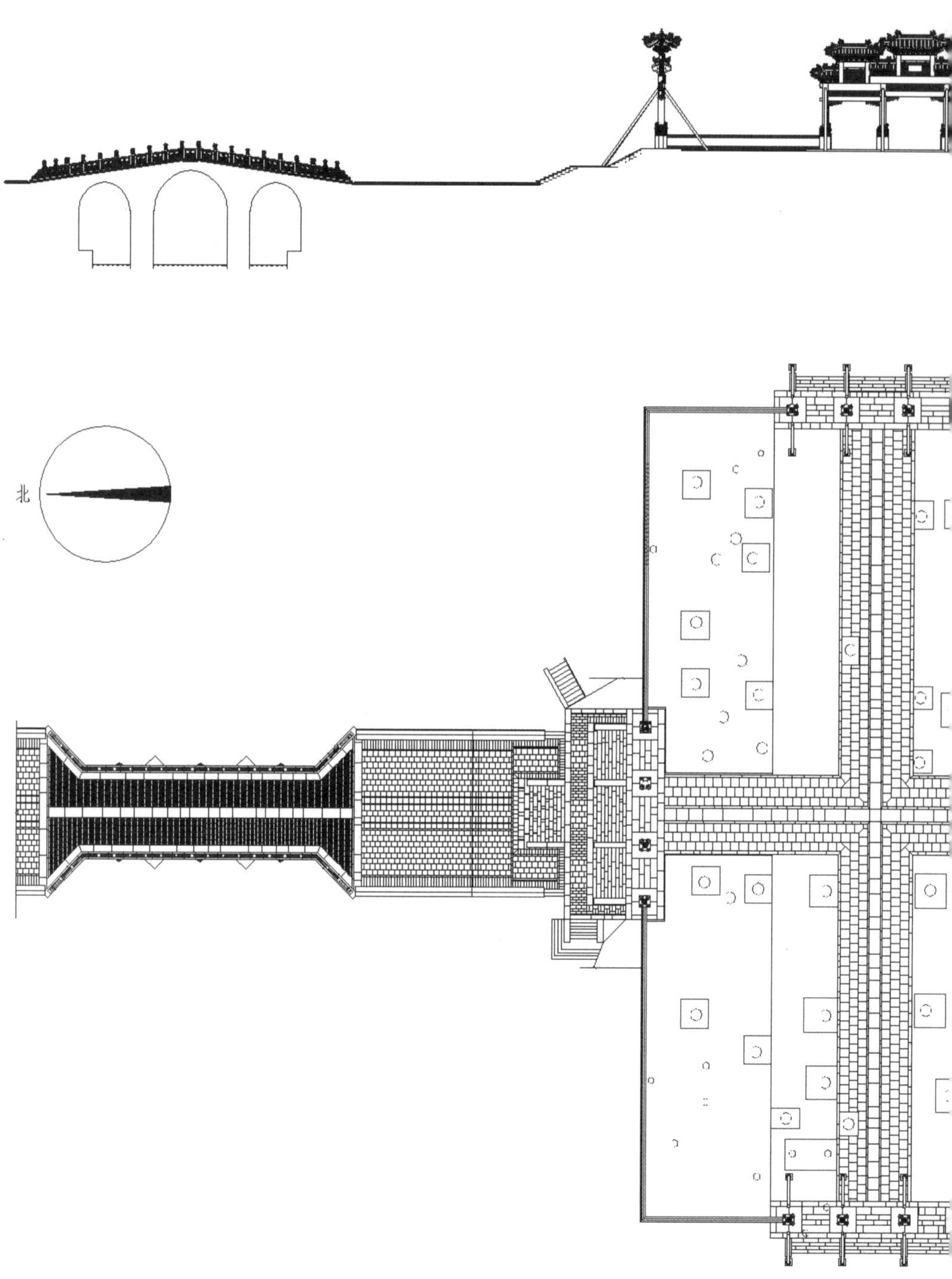
北

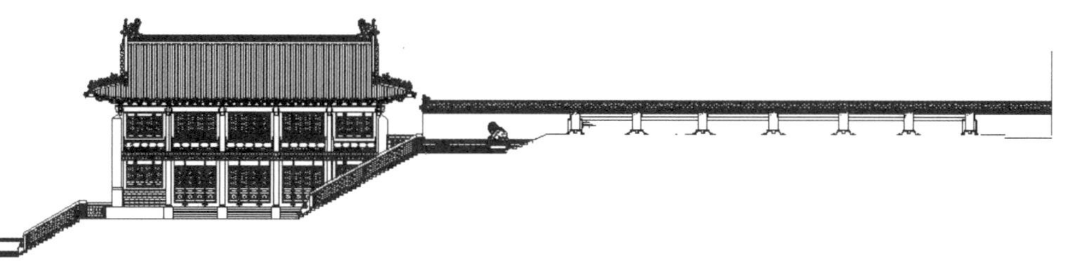

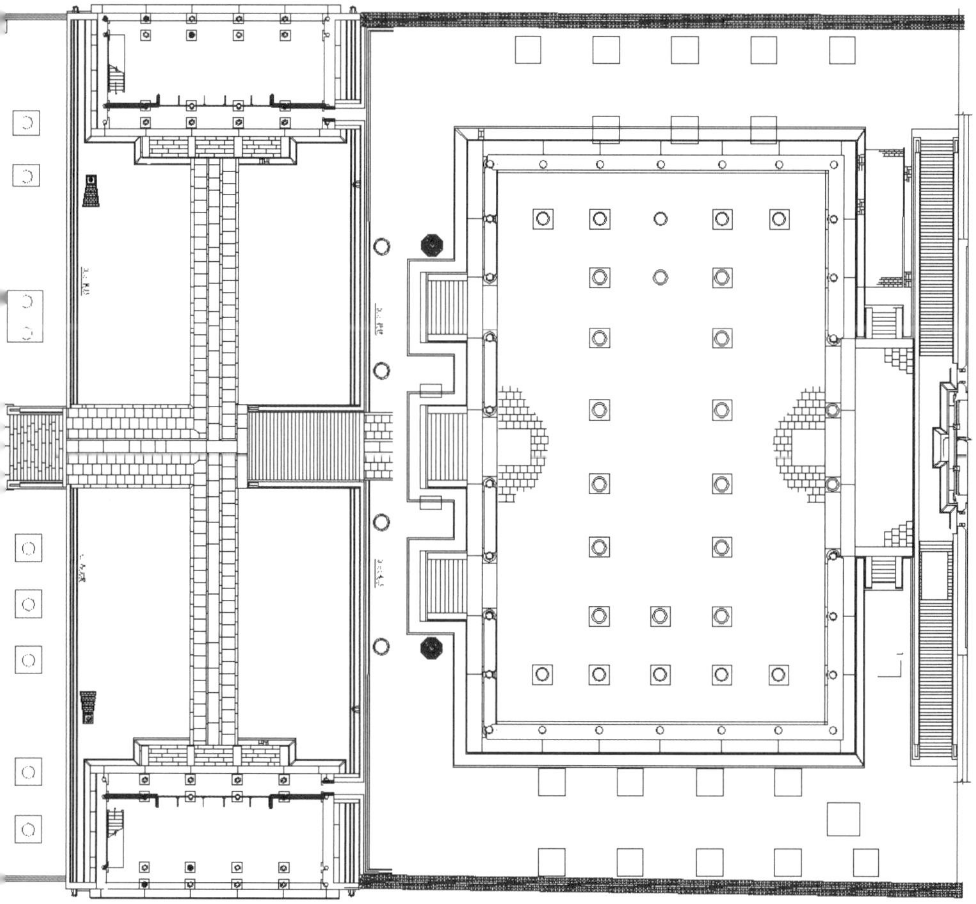

它涉及历史、考古、人文建筑等，我们需要不停的学习，不停的积累，每一个项目都让我们有了不同的收获。

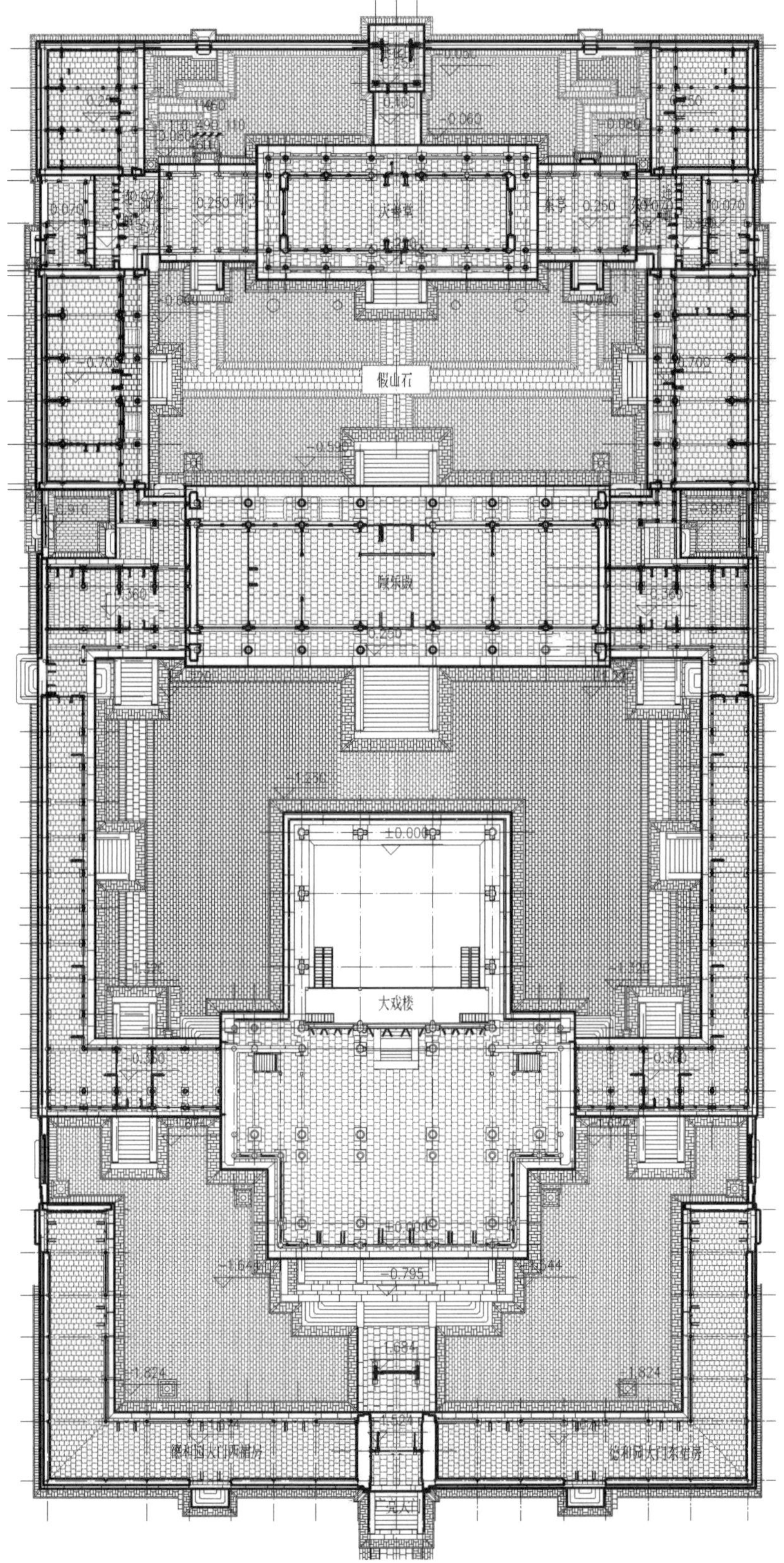
假山石
颐乐殿
0.250
±0.600
大戏楼
-0.795
1.684
1.824
1.824
1.524

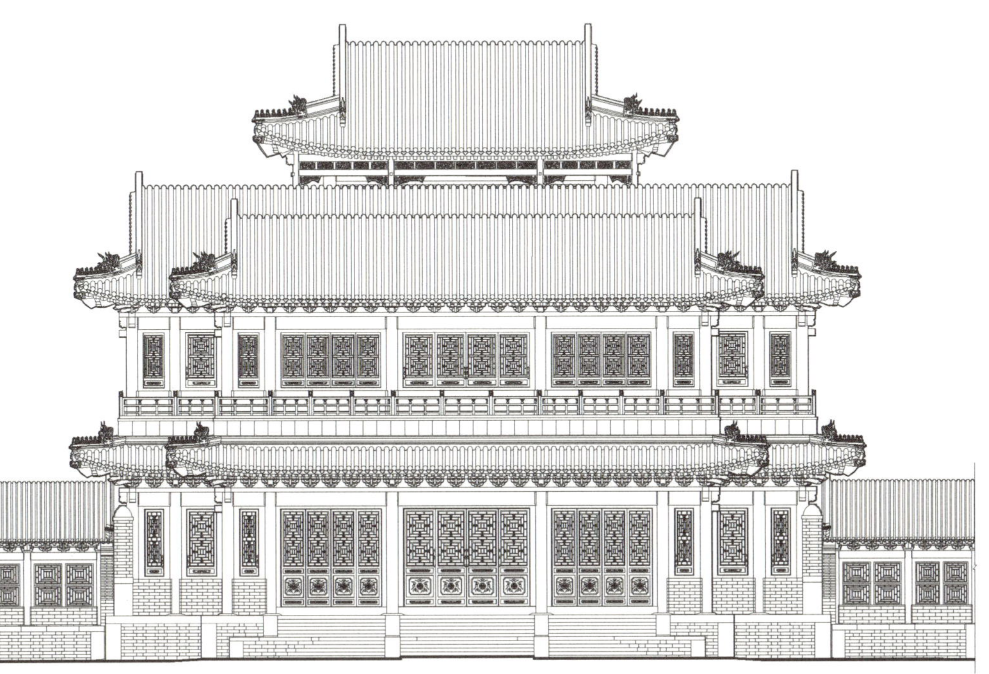

涵虚

颐和园

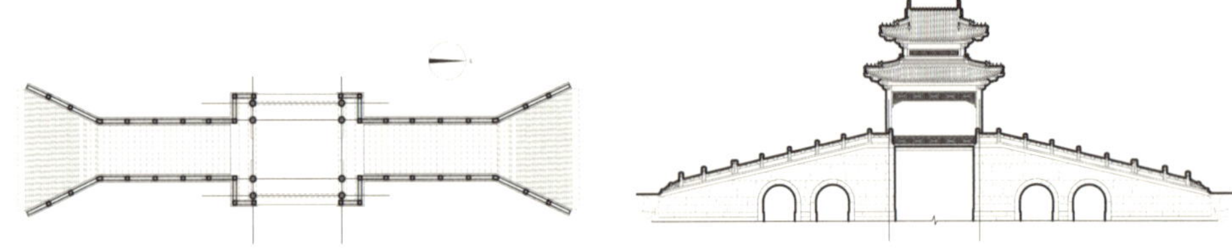

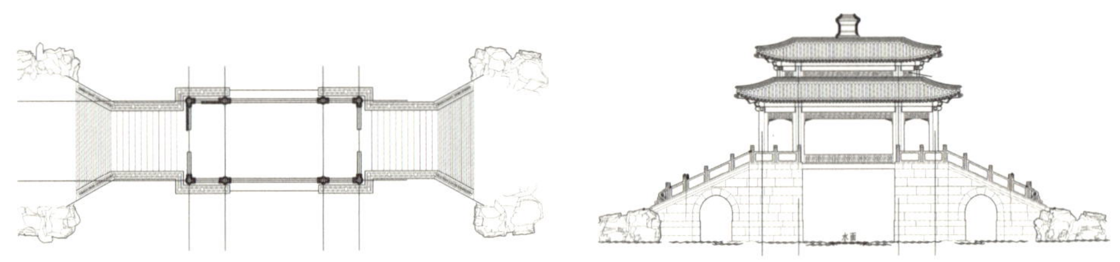

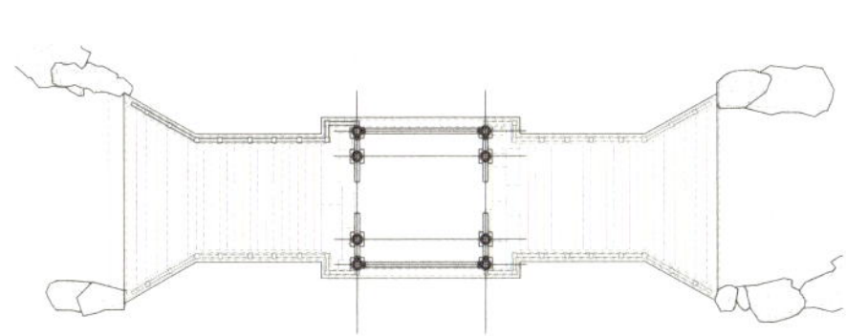

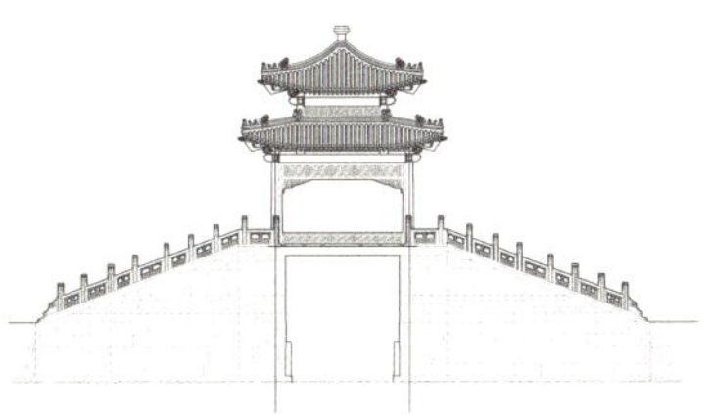

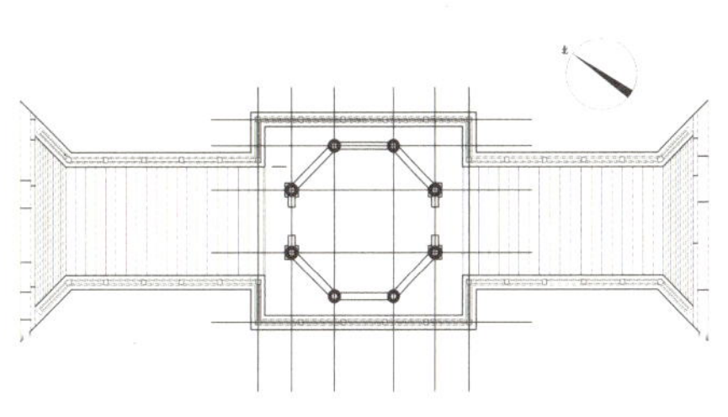

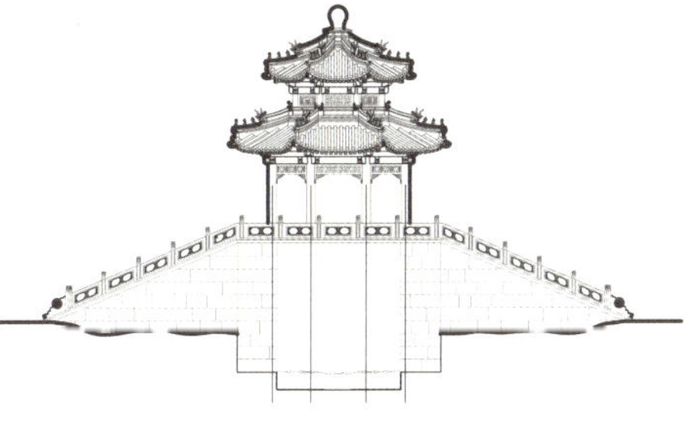

箭扣长城

长城的保护得到了国家的高度重视和百姓的日益关注，对长城的保护和修缮也在不断探索之中。30年前，我们在对八达岭长城以及瓮城修缮时基本要求是恢复历史原状，坍塌的重新修建，以修得完整为好。这一时期还对水关长城、大庄科长城等进行过修缮设计和施工。2018年，由中国文物保护基金会、腾讯捐资对箭扣长城南段151号敌楼至154号敌台及边墙进行抢险修缮。

箭扣长城位于京郊怀柔区西北八道河乡境内，海拔1141米，距怀柔城区约30千米。此段长城从河北金山岭经密云古北口到达怀柔区，走势曲折蜿蜒、变幻无常，再经慕田峪延至箭扣，向西在“北京结”分道扬镳。北路经“九眼楼”绕赤城奔张家口；西一路经黄花城接上了居庸关、八达岭。箭扣长城在怀柔区渤海镇、雁栖镇，往东走是慕田峪，往西走就是大榛峪。山势富于变化，险峰断崖之上的长城也显得更加雄奇险要。箭扣长城因整段长城蜿蜒呈W状，形如满弓扣箭而得名。箭扣就在慕田

峪长城以西 10 公里，从慕田峪沿长城走过去，其间景致颇佳，还有著名的“刀把楼”（长城的一个小分岔，上建一座形制独特、规模很大的敌楼）和“牛犄角边”“缩脖楼”“油篓顶”“将军守关”“天梯”“鹰飞倒仰”“九眼楼”等。长城修筑在峻峭的山背上，长城关内、外两侧植被繁茂，风景壮丽。

2016 年 9 月，中国文物保护基金会与腾讯公益慈善基金会开展了“保护长城、加我一个”募捐活动，确定将募集款项用于现状加固修缮怀柔箭扣长城南段151号敌楼至154号敌台及边墙。按照“保护为主，抢救第一，合理利用，加强管理”的文物工作方针，遵循“不改变文物原状”和“最小干预”的文物保护原则编制勘察报告及保护加固修缮方案。

根据现场勘察情况，发现箭扣南段长城敌楼（台）、边墙墙体都有较大裂缝，条石基础出现不同程度的沉降，对整个敌楼（台）、边墙墙体的稳定性有较大威胁。墙体外包墙砖出现不同程度的风化酥碱；楼顶坍塌，砖墙体内侧垮塌，背里砖裸露，风化酥碱；残存的局部墙体有继续倾颓的趋势，尤其坍塌半皮砖残余的垛口墙急需保护和加固。墙体下部均都出现了轻微的鼓胀现象。

原有排水系统已然失效，一经雨水侵袭，顶部无组织排水，水渗入敌楼（台）、边墙中部的土石分层混筑层中，常年累月对白灰浆及黄土层进行冲刷；

白灰浆及黄土层逐渐流失，仅余外部条石、包砖，基座条石、墙体包砖逐渐失去内层支撑，逐步向底部倾颓，造成内部土石分层混筑层内流土和条石及其他杂物向底部淤积；经年累月对敌台底部墙体产生侧压力，形成敌楼（台）、边墙下部墙体鼓胀。当达到受压基础失衡时，会产生坍塌现象。

本地区雨量充足，植被非常茂密，个别树木的根系深入坍塌墙体里面，严重威胁本体的结构安全，这些植被需要逐棵甄别，进行清理移除。

针对箭扣长城病害和残损的特点，采取不同的保护方法和技术，是我们此次方案的原则。

对长城的保护是我们这一代人的重要责任，采取什么方式保护更是需要认真研究和探讨的一大课题。这个时代赋予我们的责任就是保护现有的一切文化资源并予以传承，弘扬和光大这些资源所代表的文明，并使之在中华民族的历史长河中绽放新的光辉。

链接·大庄科长城、八达岭瓮城

篇三

事件影像

致敬历史，歌咏当下，影像手段至关重要，它既可传承中华建筑文化的血脉与美学精神，又可将摄影图片所记录的事件展示出来，它是照亮耕耘者人生，体现建筑江山好风景的“灯”，是“见物见人见精神”最需要的力量。面对事件的影像记忆，往事并不如烟，它能让各类过往凝固住并重现辉煌。尤其当读图演化成一种社会化阅读方式时，它也契合着万物互联时代视觉传播的风潮，从图片中读历史品人生，思考今朝日益成为文化传承的新方式。图片里的记忆蕴藏着人们的情感，历史留存在这里阐释与叩问，而不会让一代人集体失忆。本篇中不同的合影图片占据相当比重，它多数是一些在重要事件下与领导或文博、建筑大家们的合照，其背后记录了一段段故事甚至难忘的记忆。这些看似贴片式的记录最能勾起有关事件的遐思，触动文博界人的心弦，这就是合影的魅力。此外，赏析本篇历史感丰富的不同题材的照片，可引领我们凝视并感受城市社会的变迁与勃勃生机。这些图片是刘若梅女士的珍藏，也是她奉献文博界的珍贵文化记忆，它们释放出有内涵、有遐想的阅读文化与遗产价值的感知。

行成於思
若梅同志屬書
丁亥初夏
謝辰生

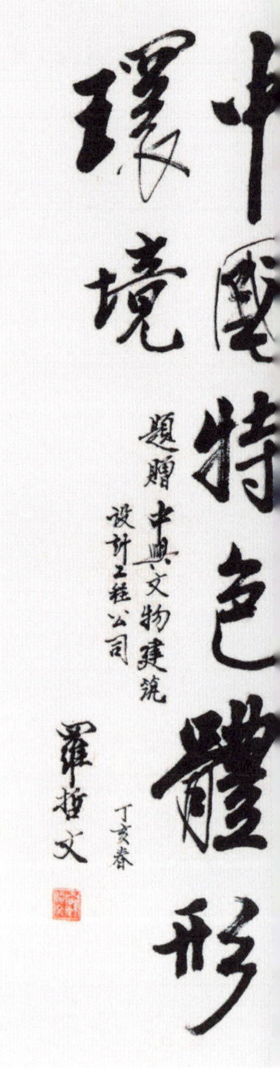
中國特色體形
環境
題贈中興文物建築
設計工程公司
丁亥春
羅哲文

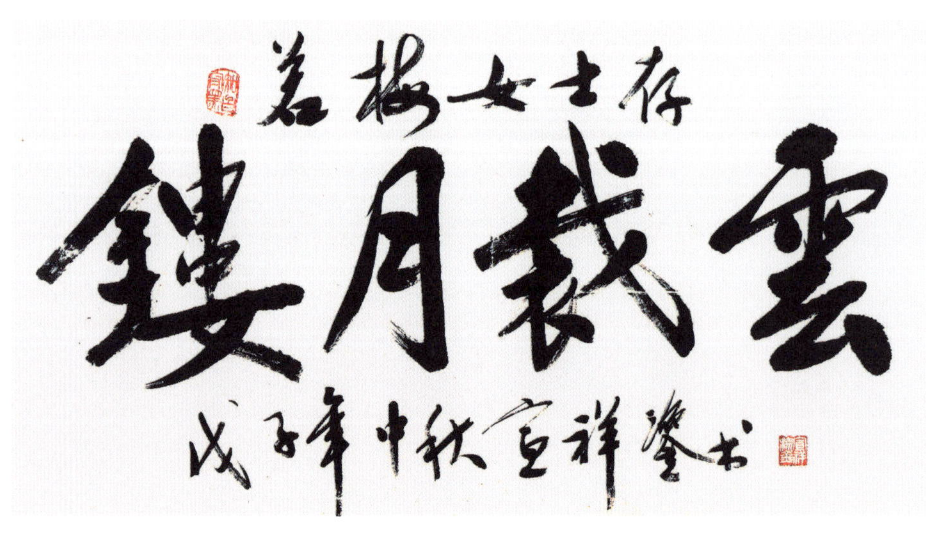
若梅女士存
鏤月裁雲
戊子年中秋宣祥鎏书

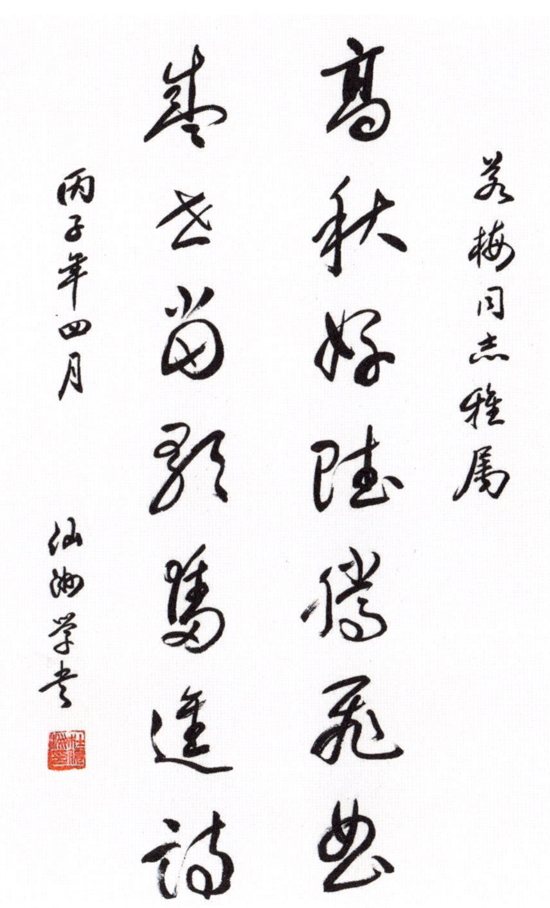

谢辰生先生、罗哲文先生、杜仙洲先生、宣祥鎏先生为刘若梅女士题字（组图）

刘若梅和罗哲文先生（左 4）、单士元先生（左 2）、李准先生（左 1、首规委总工）（1987 年）

刘若梅在江苏同里年会上和谢辰生先生（右 1）、罗哲文先生（左 1）、丹青先生（左 2）（2006 年）

前排左起 贾兰坡先生、郑思远会长、单士元先生、赵静，后排左 2 为刘若梅（1997 年，东岳庙）

刘若梅和杜仙洲先生古建考察（1995 年）

在中国文物学会年会上，王定国会长题字（1985年）

刘若梅陪同时任全国妇联书记黄静宜考察故宫博物院宝蕴楼（2018 年）

刘若梅和刘叙杰先生

新年团拜会（2009 年）

刘若梅和谢辰生先生、柴晓明院长在会议中（承德）

参会人员与罗哲文先生（右 5）合影（2006 年，江苏同里）

深圳大鹏古城保护考察期间，周治良会长（左 4）和部分与会专家合影（2010 年）

大鹏古城保护专家会议后刘若梅（右 4）与与会专家合影（2010 年）

刘若梅在深圳年会上发言（2010 年）

刘若梅在江苏同里年会期间与周治良先生合影（2006 年）

中国建筑遗产保护 70 年学术论坛与会代表合影（2019 年）

新征程
与会代表合影（四川·自贡）
2019.6.14.

中国文物学会自成立以来形成了不成文的习惯，每年重阳节都要为 70 岁以上的老专家过节，借此也提供一次大家相聚的机会。文博界的老专家即便从岗位上退下来了，也都在各自专业领域继续贡献心智发挥着重要的作用。

前排左起 彭卿云、罗哲文、周干峙、王定国、耿宝昌、谢辰生、吕济民

阳老人节到会老专家合影

学会组织老专家在东岳庙过重阳节

東
北京民俗

刘若梅在西藏考察时于布达拉宫前（2005 年）

刘若梅在西藏考察时留影（2005 年）

刘若梅（右 1）参加霁虹桥文物保护工程竣工验收（2019 年）

青海德钦寺考察，右 1 为刘若梅，右 3 为杨新（2018 年）

亲情（组图）

这组家人回眸的照片选集，让人可怀着深情回望，可看到过往岁月的特征，它犹如静心品一壶老茶，在立足“家”的叙述解读中，遥想亲情旧事，感悟绚丽、风韵与新颜

JEJU

编后记·耕耘文化涵养的“家园”

想为刘若梅大姐（我们都习惯性地尊称她为“大姐”）编写点东西是计划了几年的事了，其实她一直不肯。她与新中国同龄，《论语》中说，七十要从心所欲，农历己亥年（2019年）前夕我们写好了该书大纲，这回终于说服了她。但大家约定好，要编一本体现建筑遗产保护责任、用人之历程，以作品为背景的可读可传承的书，刘大姐虽然很谦逊，但她必然成为书中的主人公。我感谢她，因为她把人生自传体文集信任地交给了《中国建筑文化遗产》编辑部。

从《建筑创作》杂志到《中国建筑文化遗产》编辑部，20多年来，我们已为建筑界、文博界杰出人才编辑作品集或传记体书超百余部。我们编撰这些有作品、有事件、有温度的书，重视在历史观引导下，面对现实、接近事实且用言与行去改变现实、拥抱真理的内容，不论入编者的年与少、高贵与平凡，我们努力追寻的是他们那崇高的品质与隽永的思想。如果说安徒生名言“上帝笔下最精彩的童话故事，是每个人的真实生活”表达出的一种灵性的艺术浸润，那么，长达一年多编辑部上下倾力编研的《筑心绘翎——刘若梅建筑文化遗产保护天地》一书，确让我们切实地感悟到了敬意。刘若梅大姐的文字倾注了对遗产保护的满腔热忱，是文中有情的，这里并非字字珠玑，但它们是静心精益的尽善尽美，是有信念与力量的纪事与言说，定会令人品读到大家小史皆成趣之感，收到可读、耐读、值得深读的效果。

我早与刘若梅大姐的先生，北京市建筑设计研究院有限公司结构工程师王洲翔相识。那是 20 世纪 80 年代后期，我虽比王工年轻些，但现在说来我们都算是北京建院的“老人”了。我第一次见刘大姐是 2007 年 8 月，那是个让人难忘的日子。那天我的好友，中国文化遗产研究院原情报室主任刘志雄（刘若梅的小叔，现已故去）带我和几位同事去北京西黄寺工地，见到正在组织修缮的刘若梅大姐团队，想想至今不过十几年，但我们交情颇深，这不仅缘于天津家乡情结，缘于敬佩，缘于共同为建筑遗产保护事业的奋斗，也缘于刘大姐讲述的流风余韵中的文化传承。近代以来，在“实业救国”思潮影响下，大批民族工商业者怀揣家国梦想，投身创办公司发展实业行列，以助推民族品牌并发展社会公益。刘若梅的祖父辈恰恰是其中佼佼者，他们在创造了工商业、金融业传奇的同时，为天津乃至中国的近现代发展与民生保障做出贡献。在刘若梅的自述中，提及的对刘氏家族家风影响较大的前辈有：其大爷爷刘彭寿（1876—1948）系中国第一家私人银行盐业银行大股东，跟随梁启超多年，在梁提携下曾任吉林省财政厅厅长，梁公辞世后与梁公后代共住饮冰室，民国二年（1913 年）与仁人志士捐款兴建宁河县中学（现为芦台一中）；出了名的好心肠的二爷刘彭久（1884—1969），曾任天津福星面粉公司经理，善待员工；其父亲的养父刘彭翊（1894—1941）曾任民国山东省河务局局长，后拒绝在日伪政府任职专心研究佛学，1935 年作为中日文化交流使者赴日参加日本孔子圣堂落成式，并完成影响巨大的《日本佛法访问记》一书；其父亲的生父刘彭阳（1896—1974）曾任盐业银行最大股东，唐山启新洋灰公司常务董事，他与“南张北周”中的张謇及周馥家族的周学熙、周叔弢一样，属中国近代儒商实业家。其祖父刘彭阳与周叔弢合股办企业，当时为全国政协副主席的周叔弢捐赠两千余套（册）善本图书给国家。刘彭阳与其子刘志学则是力促国宝文物回归的功臣……所有这些不仅是对一个人精神家园之旅的养育回归，更细腻勾勒出人生履迹，无疑它们是理解“诗”一般劳作奋争的刘若梅的一个理由。

2007 年 8 月 30 日于北京西黄寺（刘锦标 拍摄）

事实上，让我对刘大姐有了更深入的了解的，还是十余年来在她指导下开展建筑遗产保护的一系列工作。2010 年前，中国文物学会传统建筑园林委员会筹备换届，在周治良老会长、付清远会长、刘若梅秘书长举荐下，我担任副会长，这对于从事新建工程设计研究的我是莫大的信任。有感于刘大姐等学会领导的鼓励，十余年来坚持每年为委员会出版《传统建筑园林通讯》，现在看来最有价值的是编辑几本论文集，其中最重要的《中国古建园林三十年》一书，该书梳理了委员会三十年的大事记。令我感怀的是，2016 年春节前，周治良老会长仙逝，当时我在国外，正月回国后与刘大姐去周会长家探望其家人，刘大姐当即表示要以学会名义召开追思会。2016 年 5 月，来自建筑界、文博界、教育界、体育界的数十位专家，共同缅怀了周治良老会长的功绩，会议当即确定要为周治良会长出版纪念文集。在刘大姐的资助下，建筑文博学人周治良的集自传、忆文及著述于一体的作品出版了，虽未再为该书举办研讨会，但该书给予我们的意义不仅仅是对周治良的纪念，更表征了古建园林委员会对建筑保护、对建筑人充满敬畏的经典“体认”。据我所知（甚至是直接感悟），刘大姐对老辈文博人尽全力去关爱，如单士元、罗哲文以及现已 98 岁高龄的谢辰生先生，她视他们为国宝，她的关爱不是自说自话的说辞，而是身体力行，特别当老人有急需时，她总会出现。2018 年 8 月，正值故宫博物院古建部原主任付连兴辞世 20 周年，为学习他的文博精神，刘大姐亲自组织了追思会，从而使一介文博专家的贡献与思想得以传承。出自对一代代文博大家的敬重，她用默默奉献与奋斗的精神，回绝那些自命清高、喜欢用愤世嫉俗的声音贬低建筑遗产保护的不和谐声音，她特别强调作为一介文博人要在读懂敬畏时，保有对传统文化及建筑技艺的基本尊重。

为编此书，我与刘大姐长谈多次，每每都能感到她不慕名利的气度，同时不乏苦苦追寻的心灵净土之感——谁人没有满溢激情的青少年时刻，书中自传体文字可领略到这些。时移世易，昨日无法重现，但编书写志，就是抵抗庸常，追求身心独立的大智慧。业界总有人说，文博建筑的保护工作，是还历史以真实的雕琢之美的“功德”事。这点我十分赞同。尽管在与刘大姐就她以文物保护修缮报国之事谈感触时，她很谦虚，但是从书中展示的遍布中华大地的文保项目修缮设计与营建档案，可看到她及其团队的作品涉及故宫博物院、颐和园、长城等世界文化遗产项目，还有北京历史文化名城保护的项目；有纯粹的古建园林，还有 20 世纪影响力很大的近现代建筑。建筑遗产人自身的涅槃，无论是设计者还是匠人都需要有跨越千年的眼光。

刘大姐并非学习古建专业的，但她近40年的文博历程，让她悟到古建筑不同于艺术品和工艺品，它既要顶天立地具有优美的形态，还必须活得耐久且接受自然环境给予的“磨难”。这样的修缮精神与心境，她也教授给了建筑师与建筑施工人员。她认为，我们该像对待“老人”一般尊重并敬畏古老建筑，无论它是什么级别的文物建筑。在一次学术论坛上，她还倡导要研究低等级建筑遗产的保护。刘大姐认为要靠对历史的涵养，为城市发展注入活力。这里的难点不是对已定为各级文保单位的保护，而是对历史名城与各类历史建筑的保护。吐故纳新之间，保护与发展相依相生，让破茧的古老建筑文脉延续，靠精湛技艺用心“绣花”，是她和团队保护建筑遗产之信仰。她一直在告诫年轻人，古建修缮绝非只有雕梁画栋的模仿，重在要以历史之眼真实地再现它们的价值。

出生在天津意式风情区（历史上称意租界）洋楼中的刘大姐，是在富裕家庭与新中国蒸蒸日上的环境下长大的。她八岁随父母到京，成为地地道道的北京人，她有天津人的“洋气”之根脉，更有如北

单霁翔（右1）、刘若梅（右2）、笔者于故宫博物院（2018年12月31日）

京市树——北京槐般的生命力与忍耐力。与她聊天讲过往，有传奇故事、有时代延革、有哲理感悟及津京两地风土人情。这让我想到北京槐，它何以在文人墨客笔下被美化点缀？不仅在于它似绿伞般亭亭如盖，撑起保护建筑与人的片片绿荫，更在于它有古都市井的绝美画面与幽香。无论是古木还是新枝，它既浸润尊贵之气，又沾染烟火之气；既历经悠悠过往，也亲历火热年代。当下正值槐树覆雪的时节，风骨外露的北京槐傲迎瑞雪的降临，景色入照片，入画作，也入文入诗……美不胜收。槐与“怀”同音，从遗产保护与乡愁守望的角度看，既怀古，也怀乡。恰恰带着对北京的这般情谊，我们更感到编撰《筑心绘翎——刘若梅建筑文化遗产保护天地》一书，不仅是向刘大姐学习的过程，更是《中国建筑文化遗产》编辑部的责任。

为编此书，编辑部上下全力行动，从策划研究到采访撰文，金磊、苗淼挖掘耕耘不止；建筑摄影团队万玉藻、李沉、朱有恒等人千方百计抓住最佳时机拍摄照片，为的是将项目修缮技艺完美呈现；版式设计对朱有恒、董晨曦也是挑战，因为这“自传体”书不是文字版的，它是融文字与作品图片、图纸为一体的，无论开本、用色乃至装帧都要做到考究且可读，这是刘若梅大姐的精致与质朴本真所决定的；也感谢天津大学出版社韩振平副社长、郭颖编辑从始至终对该书审读之慎密，所有这些都确保了该书的质量与专业影响力。《筑心绘翎——刘若梅建筑文化遗产保护天地》一书的推出，不仅是我们的心愿，更希望为建筑文博界奉献上真实的作品，因为它的言语是会感动业界与社会各界的。

《中国建筑文化遗产》编辑部（金磊执笔）

2020 年 3 月

图书在版编目（CIP）数据

筑心绘翎 ：刘若梅建筑文化遗产保护天地 /《中国建筑文化遗产》编辑部编 . -- 天津 ：天津大学出版社，2020.7
ISBN 978-7-5618-6736-5

Ⅰ. ①筑… Ⅱ. ①中… Ⅲ. ①刘若梅－生平事迹 Ⅳ. ①K825.81

中国版本图书馆 CIP 数据核字（2020）第 136868 号

Zhuxin Huiling：Liuruomei Jianzhu Wenhua Yichan Baohu Tiandi

策划编辑 金 磊 韩振平
责任编辑 郭 颖
装帧设计 朱有恒

总策划人 金 磊 刘若梅
文字编辑 苗 淼 李 沉 朱有恒 董晨曦
图片提供 《中国建筑文化遗产》编辑部 万玉藻 李 沉 等
鸣 谢 刘晓梅 张 玉 博俊杰 袁 媛 晁瑞娟 王木子 王丽丹

出版发行 天津大学出版社
地 址 天津市卫津路 92 号天津大学内（邮编：300072）
电 话 发行部：022-27403647
网 址 publish.tju.edu.cn
印 刷 北京利丰雅高长城印刷有限公司
经 销 全国各地新华书店
开 本 172mm × 249mm
印 张 14
字 数 168 千字
版 次 2020 年 7 月第 1 版
印 次 2020 年 7 月第 1 次
定 价 158.00 元